文史哲學集成

葉慕蘭著

柳永詞研究

文史哲出版社印行

柳永詞研究 / 葉慕蘭著. -- 初版. -- 臺北市
：文史哲, 民 98.01 印刷
頁: 公分. --（文史哲學集成；81）
參考書目：頁
ISBN 978-957-547-289-4 (平裝)

1.（宋）柳永 2. 詞 － 評論

823.88

文史哲學集成 81

柳永詞研究

著者：葉慕蘭
出版者：文史哲出版社
http:// www.lapen.com.tw
e-mail：lapen@ms74.hinet.net
登記證字號：行政院新聞局版臺業字五三三七號
發行人：彭正雄
發行所：文史哲出版社
印刷者：文史哲出版社
臺北市羅斯福路一段七十二巷四號
郵政劃撥帳號：一六一八〇一七五
電話886-2-23511028・傳真886-2-23965656

實價新臺幣三二〇元

中華民國七十二年（1983）一月初版
中華民國九十八年（2009）一月 BOD 初版再刷

ISBN 978-957-547-289-4

自序

詞爲兩宋文學之代表，起源於中唐，發展於五代，至宋則如麗日中天，繁花爭艷，雲蒸霞蔚，作家輩起。

北宋初期，詞分二派：其一爲守舊派，以晏殊、歐陽修爲代表，詞風近乎花間，南唐，乃循馮正中路綫；其二爲趨新派，以「奉旨塡詞」之柳永爲代表，詞風雖亦屬婉約，然詞之形式却不受花間、南唐小令之拘囿，乃取民間慢詞之路綫。

柳永爲一才華橫溢之浪漫詞人，一生專注於歌詞創作，驅遣俗語，善用長調，拓展了詞學領域，奠定了宋詞蓬勃發展之機運。故宋代詞壇若無柳永其人，詞之體製必不能展開，詞之生命亦未能如是之雄奇瑰麗，照耀今古，故探析柳詞，爲研究詞學不可或缺之一環。

本書共分四章，第一章柳永之生平事蹟，第二章柳詞探析，第三章柳詞之淵源及其影響，第四章結論。乃就柳詞之形式與內容兩方面加以探討，藉此以剖析柳詞之特色，更從而明瞭

「凡有井水處即能歌柳詞」之眞象，及其對詞壇之重大影響。

本文之作，承蒙　葉師慶炳悉心指導，謹此致謝。然由於個人淺陋，偏執之處，勢所不免，敬祈

博雅君子不吝賜教，以爲日後修正之資。

中華民國七十一年十一月十二日葉慕蘭識於台北

柳永詞研究　目錄

第一章 柳永之生平事蹟

柳永實在是個平凡的人，沒有輝煌的事蹟，沒有高超的理想，所以宋史根本沒有他的傳，但他却具有天縱的才華，爲北宋詞壇寫下一段繼往開來的歷史。在詞話中有許多對他毀多於譽的批評，話本小說中也渲染了他的故事，使柳永成爲一個既平凡又奇特的人物。在他的詞集—樂章集中則充分表露了他的感情與心情。

自從陳橋兵變，趙匡胤黃袍加身以後，就建立了大宋國，其後宋太祖又杯酒釋兵權，掌握了一切權力。太宗、眞宗、仁宗時，在外雖有遼、西夏的威脅，却都能言和訂盟，維持國際間平靜的局面。（註一）因此宋歷太祖至仁宗四代，休養生息，已漸有基礎。在政治上保持著安定的局面；這安定的局面，也促使工商業日漸發達，社會經濟亦日漸富裕，大都會亦日趨繁榮。

在這一片昇平之下，於是上自君王士大夫，下至市井小民都沉緬在聲色之中，追求狂歡享樂。北宋的首都汴京（河南省開封）繁華的街道上秦樓楚館林立，笙歌處處。詞，這種句法不齊的歌謠，本是供宴會助興之用，樂妓唱一曲，與會者各飲一杯。按唐、五代之時士大夫宴飲之風盛行，宴中亦必用樂妓助興，使賓主盡歡。到了宋朝，由於社會的安定富庶，這種風氣更加盛行，於是詞就在社會各階層中普遍地流行起來，上自天子，下至村夫，作家層迅速地擴大。柳永生長在此時代的溫床之下再加上本身横溢的才華，遂成爲一位承先啓後的大詞人，開拓了詞的格律，更新了詞的內容，更忠實地反映了時代生活，將北宋承平氣象，形容殆盡。（註二）

柳永的身世，當追溯其三代來敍述。柳永的先祖遷入福建，當自五代祖柳奥開始，當時柳奥隨着他的叔父晃廉到福建，到福建後曾任「福州司馬」，後改任「建州長史」。（註三）一直到柳崇才有史料可稽。（註四）

義行可風的柳崇

柳崇是柳永的祖父，字子高，十歲的時候父親見背，由母親丁夫人養誨成人。當時崇以「儒學」著名。二十歲後，閩王王延政（註五）「殘民自奉」「人多衣紙」（註六），見崇有學養，要補崇爲「沙縣丞」，崇說：「此豈有道之穀耶」（註七），遂以母老須孝養爲由，不肯上任。自這次事後他自誓終身「御布衣稱處士」（註八）。這是在亂世五代時所發生的事。

至南唐李氏擁有江南，柳崇長子宜任「太子校書郎」，「江寧尉宰貴谿、崇仁、建陽三邑」、「拜監察御史」；次子宣爲「試大理評事」迎接他到都城—建康。當時宜地位尊貴，法當推恩，崇公切誡宜說：「不可奏請，以奪吾志」因此而罷止。（註九）

崇公平日以「行義著於州里」，「以兢嚴治于閨門」（註一〇）所以鄉人信服敬佩，平時鄉人有「小忿爭」不告到官府，反而請崇公主持公道。（註一一）崇公「以兢嚴治于閨門」所以對「諸子諸婦」「動修禮法」，兒子媳婦也始終信守，不敢逾越，由此可見崇公修身治子的情形。

到了宋太祖平江南，宜爲「沂州費縣令」，宣以「校書郎爲濟州團練推官」。太平興國五年，崇公才渡江看兒子，路程是「自沂到濟，再從濟到京師」，才到京師便得病，於是家人「肩輿以歸」。崇公在太平興國五年十一月某日，死於「濟之官舍」。享年六十有三。其原配夫人丁氏生有宜、宣二子，先公而死。追封某縣太君。續絃夫人虞氏生有寘、宏、宷、察四子，封范陽縣太君，其餘尚有五女。（註一二）

崇公自弱冠便以儒學著於當時，更以儒家之道修身訓子。在五代亂世、處平順的南唐，不移志節，至死奉守不渝，他臨死時遺命說：

「吾讀聖人書，朝聞道夕死可矣，毋得以浮屠法灰吾之身」（註一三）

因此備受後人讚美：

「抱鴻冥之曠懷，矢鳳隱之逸操，其人故未易常情測也」。

「柳崇力謝徵書，確乎不拔，潔身之道備矣」。（註一四）

耿直純孝的柳宜

柳永父親柳宜，字無疑（註一五）。在南唐時曾上疏言時政的得失，很受國君的重視，曾任「太子校書，江寧尉宰貴谿、崇仁、建陽三邑，拜監察御史」（註一六）「任監察御史時，多所彈射，不避權貴，故秉政者尤之，繼出為縣宰，所在有理聲」（註一七）。

宋太祖平江南，宜公擢拔為雍熙二年進士（註一八），曾任「沂州費縣令、任國子博士、至工部侍郎」（註一九），崇公在太平興國五年渡江採望兒子，「終于濟之官舍」時，宜公正在沂辦案，聞其父惡耗痛不欲生，「徒跣冒雪而行，以至于濟」（註二〇），他痛苦到「有詔不聽，吏守三年喪，宜負縗絰，詣登聞鼓院，三上章乞護喪終制」、「扣宰相馬、泣訴其事」。（註二一）

柳宜的耿直認眞，備受在位的君王的重視，他的純孝更受到君子的讚揚。

仕宦的叔父

柳永的叔父都「篤學能自立」，所以個個爲「顯官」（註二二），簡述如下：

柳宣　南唐時任「試大理評事」，宋時以校書郎爲濟州團練推官，後爲大理司直、天平軍節度推官（註二三）

柳寘　登宋眞宗大中祥符八年蔡齊榜進士（註二四）

柳宏　登咸平元年進士、歷知江州德化縣、天聖中累遷都官員外郎、終光祿寺卿。（註二五）

柳寀　官禮部侍郎（註二六）

柳察　年十七舉應賢良，仕至水部員外郎（註二七）。

另柳永的五個姑母皆得佳壻。（註二八）

工於文藝的兄長

柳永有二個哥哥

長兄　字三復，眞宗天禧二年進士。

次兄　字三接，景祐元年進士。

三復、三接「皆爲郎，工文藝」，而柳永和他的哥哥齊名，時稱「三絕」（註二九）

柳永的子孫

子　柳涚　登仁宗慶歷六年進士第，任陝西司戸參軍，因治績顯著，特遷大理寺丞（註三〇）。

侄　柳淇　次兄三接之子，登景祐五年進士第（註三一）

孫　柳彥輔　在崇寧巳爲日者（占卜家）（註三二）

綜合以上所述，可知柳永係出身書香門第，成長在仕宦家族之中。祖父人品高潔，父親爲官耿直、爲人純孝。在此良好家庭中長大的柳永，難怪才華超群、工於文藝。在本性上亦善良有眞情。然而後人對於柳永却有兩種迥異的評價，一方面輕蔑他的「卑俗」，另一方面將其比爲詩中的杜甫，爲什麼會有此評估呢？今詳述其生平、思想以一探究竟。

柳永，初名三變（註三三）字耆卿又字景莊，後改名永（註三四），生卒年月日不可考約生於宋太宗中，卒於宋仁宗朝（註三五），福建崇安縣人（註三六）。

柳永的生平從片斷的資料中能探知其一、二，現從兩方面敘述之。

一、未中舉前的柳永

少年時柳永隨父宦居汴京（註三七）。汴京在當時是個繁華的大都會，青樓酒館徧佈南北二巷，亦是文人墨客，混跡的場所。

柳永天縱浪漫，性喜「邪斜」，所以時「游於東都南北二巷」（陳師道後山詩話）。由於他出身書香之家，又天賦「雋才」「善爲歌詞」（陳師道後山詩話）「深通音律」「教坊樂工，每得新腔，必求永爲辭」（葉夢得避暑錄話），於是使他成爲歡場中的大紅人。他的作品「一時動聽，散播四方」（宋翔鳳樂府餘論）而「始行于世」「聲傳一時」（葉夢得避暑錄話），由此可知他少年時在民間的得意情狀，深受下階層人民歡迎的程度。本已「風流俊逸」（佚名東南紀聞）的他，由於聲名大噪更見疏狂不羈，不是遊於名園深處，就是競羈寶馬；不是蘭室夜燭度春宵，便是翠蛾綠蟻相伴飲，生活在歌聲舞影之中，極其浪漫之能事，盡情地表現了他自己，所以後人批評他：

「爲人疏俊、少檢束」「薄於操行」（註三八）

「寧可不做官，不可不嫖妓」（註三九）

惟有他這種「爲伊消得人憔悴」不顧一切的痴情，才能發揮他的文藝天才。但是後人對他「寧可不做官、不可不嫖妓」的評論，其實並不確切。生於仕宦之家、長於書香門第的他，怎麼會不想做官呢？柳永也有他讀書人的懷抱，曾詠唱道：

太倉日富中邦最，宣室夜思前席對。（玉樓春其三）

仗漢節、攬轡澄清，高掩武侯，勳業文翁風化。（一寸金）

他心儀賈誼、仰慕文翁；也想效法賈誼貢獻一己的政治理想；想學習文翁教化百姓，他這種建功立業的雄心壯志促使他對功名熱烈的嚮往與追求，所以他要參加考試並且對自己充滿了希望與信心。

便是仙禁春深，御鑪香裊臨軒親試，對天顏咫尺，定然魁甲登高第。待恁時，等著回來賀喜，好生地賸與我兒利市。（長壽樂）

他以爲自己「定然魁甲登高第」，結果却事與願違，因爲「仁宗留意儒雅，務本向道，深斥浮艷虛華之文」。（註四〇）況宋自太祖開基，偃武修文、提倡經學，歷太宗、眞宗、仁宗經學大昌，朝廷取士，以徵聖宗經，文以載道爲主。他雖然才華横溢、文名遠播，却不合乎「儒雅」「向道」的要求。他雖然曾經以「禁漏花深，繡工日永，蕙風布暖。變韶景，都門十二。元宵三五，銀蟾光滿，連雲複道凌飛觀。聳皇居麗，嘉氣瑞煙蔥蒨，翠華宵幸，是處層城閬苑。　龍鳳燭，交光星漢。對咫尺鼇山開羽扇。會樂府兩籍神仙，梨園四部絃管。向曉色，都人未散，盈萬井，山呼鼇抃，願歲歲，天仗裏，常瞻鳳輦」（仙呂調傾杯樂）一曲歌頌元宵時君民同樂而贏得禁中之稱揚（註四一），但是由於國家考試，仁宗深斥浮豔虛華之文，於是使抱着無比希望與信心的他，遭受了首次打擊。因爲天性風流浪漫又無高超的志節，所以在這種打擊下，他不但不反省自我，反而瀟灑地唱道：

黃金榜上，偶失龍頭望。明代暫遺賢，如何向，未遂風雲便，爭不恣狂蕩。何須論得喪，才子詞人，自是白衣卿相。　煙花巷陌，依約丹青屏障，幸有意中人，堪尋訪，且恁偎紅翠，風流事，平生暢，青春一餉，忍把浮名換了淺斟低唱。（鶴沖天）

他自封爲「白衣卿相」責怪君王「遺賢」，使他「未遂風雲便」，於是他不得不「狂蕩」，最後自我解嘲說「忍把浮名換了淺斟低唱」。本在歡場成名的他早已受到上階層的不齒，而這闋更成了仕途的致命傷。從此他的作品中便時時流露出對功名的無奈與矛盾。他的一生也就在對功名的無奈與矛盾中掙扎浮沉。

而解除煩悶，暫避矛盾的門徑，便是在青樓楚館中求取舒解，儘量將他的天才發揮在詞上，以博得坊曲娼妓的青眼（註四二），因此也促進了歌妓在「唱詞」「作詞」上的文學修養。按宋詞之所以盛行，歌妓之功實不可沒，因爲「宋代民間詞要算妓女詞爲最盛、因當時妓女時常與一班詞人廝混，故能詞者十人而七、八」（註四二），而落拓不偶的柳永爲了排遣苦悶更是日日廝混在靑樓楚館之中。所以說不是「寧可不做官」而是功名事業不順遂。不是「不可不嫖妓」因爲只有妓女能欣賞他的才華、給他自尊。

他自封爲「白衣卿相」不過是文人自負的表現，他說「明代暫遺賢」不過是一時的發洩，所以他依然再考，但想不到一時的抒滯之作，傳到禁中，使他遭受另一次的失敗。「能改齋漫錄」及「藝苑雌黃」載之甚詳，其言曰：

「嘗有鶴冲天云：『忍把浮名，換了淺斟低唱』，及臨軒放榜，特落之曰：『此人風前月下，好去淺斟低唱，何要浮名，且塡詞去』，三變由此自稱『奉旨塡詞』」（能改齋漫錄）

「柳三變喜作小詞，薄於操行，當時有薦其才者，上曰『得非塡詞柳三變乎？』曰：『然』。上曰：『且去塡詞』，由是不得志。日與儇子縱游倡館酒樓間，無復檢率。自稱云『奉旨塡詞柳三變』」（藝苑雌黃）

在一而再的遭到敗北之下，遂令他「與儇子縱游倡館酒樓間，無復檢率」。（藝苑雌黃）他不但不能幡然覺悟，反而更加沉緬在紙醉金迷的生活中，借翠娥美酒與詞以紓解內心的抑鬱，這可從他「如魚水」一詞中見端倪：

帝里疏散數載，酒縈花繫，九陌狂遊。良景對珍筵，惱佳人自有風流。勸瓊甌，絳唇啓歌發清幽，被舉措，藝足才高，在處別得艷姬留。　浮名利、擬拚休。是非莫掛在心頭，富貴豈由人，時會高志須酬，莫閒愁共綠蟻紅粉相尤。向繡幄醉倚芳恣睡，算除此外何求。

本詞上片中「被舉措，藝足才高，在處別得艷姬留」明白地點出雖然考場失意，但在青樓却贏得美人青眼。下片又故作淡泊語，自慰語「浮名利，擬拚休，是非莫掛心頭，富貴豈由人，時會高志須酬」。

二、登第後的柳永

從如魚水一詞中可見柳永雖然煩悶、矛盾、失望、却並不絕望：「浮名利，擬拚休，是非莫掛心頭，富貴豈由人，時會高志須酬」。他經過了種種掙扎之後，終於憑着自己的滿腹詩書及「亦善爲他辭」的「雋才」（葉夢得避暑錄話）而登景祐元年進士第（註四四），可是幾經蹉跎「及第已老了」（註四五）。及第後，他歡悅的心情，表露在詞中的如：

東郊向曉星杓亞，報帝里春來也。柳抬煙眼、花勻露臉、漸覺綠嬌紅姹，妝點層台芳榭，運神功、丹青無價。　別有堯階試罷、新郎君成行如畫、杏園風細、桃花浪暖、

> 競喜羽遷鱗化。徧九陌、相將遊冶、驟香塵、寶鞍驕馬。（柳初新）

字裡行間充滿歡欣得意之情。可是登第之後，被任命爲「睦州團練推官」（註四六）官小位微，雖曾蒙州守呂蔚推薦，却又遭人否決，福建通志記載說：

> 舊時薦擧法，不限成考，三變到官，州守呂蔚知其名，月餘與監司連薦之。及代還赴詮御史郭銓奏三變，釋褐未久，善狀安在，蔚私三變，不可從。遂詔，初任官須成考，乃得擧著爲例。（註四七）

皇祐中歷遷屯田員外郎，其間有一史志很欣賞他的才華，

> 「入內都知史志愛三變才，憐其久困選調，常欲引之、不得閒」（註四八）。

但因他官小位微，雖受上官垂愛，欲加推薦，却兩次都未能如願，但是他並不灰心，依然利用各種機會爭取仁宗的好感。曾經借重內侍獻詞，却又弄巧成拙反而遭致終身不得錄用的命運。花菴詞選說：

> 永爲屯田員外郎，會太史奏老人星見。時秋霽、宴禁中。仁宗命左右詞臣爲樂章，內侍屬柳應制，柳方冀進用，作此詞奏呈。上見首有「漸」字、色若不懌。讀至「宸游鳳輦何處」乃與御製眞宗挽詞暗合，上慘然，又讀至「太液波翻」曰：『何不言波澄』投之於地，自此不復擢用。（黃昇花菴詞選卷五）

又福建通志說：

會是秋司天奏老人星見，有旨張樂志奏乞命三變，撰辭以頌休祥許之，三變欣然作辭醉蓬萊慢一曲，應制比進，呈仁宗，讀至『宸遊鳳輦何處』適與御製眞宗挽詞暗合，慘不樂。繼續至『太液波翻』怒曰：『何不言波澄』擲之於地，自此不復用。（卷一八九柳三變傳）

醉蓬萊一詞可說是他一生的致命傷，但此詞之所以會觸怒仁宗，除了「太液波翻」一句外，柳永藉內侍以引薦，也是一大原因，因爲仁宗年少登位，由太后垂簾聽政，內侍們又利用兩宮從中弄權，故仁宗親政以後，對弄權的內侍不免深痛惡絕，因此對內侍所引薦的人，自然也有所不齒。

柳永原本要借醉蓬萊詞，一登高位，結果反而落得「不復擢用」，但是他還是不甘心，仍然抱着無比的希望去拜見宰相晏殊。不料。拜見晏殊又遭奚落，晏殊的奚落表面上是以他作「綵線慵拈伴伊坐」等鄙俗曲調爲由。而事實上一國之宰相自然會希承旨意與君王同一步調。由此也可知柳永實在是個平凡的人，脫不開世間的名韁利鎖，既無高超的理想也無人生目標，惟一堪受後人稱道的，就是他的才華。

從以上的敍述中可見柳永一生可以說都生活在下階層社會之中，深受下階層的喜愛，所以他的生平事蹟不見於正史，反見於筆記小說之中，經過筆記小說的加以渲染，更增加了他的浪漫情調。甚至有關他的死也充滿傳奇性，據喻世明言說：

永一日晝寢，夢一黃衣吏從天而降云：奉玉帝敕旨，霓裳羽衣曲已舊，欲易新聲，特借重仙筆，即刻便往。柳醒後，香湯沐浴。告妓曰：適蒙上帝見召，吾將去矣。言畢，瞑目而逝，家無餘財，由群妓合金，始克營葬。（古今小說卷一二）

這類穿鑿附會的小說家之言，固然不可取信，然亦可想見柳永在民間的影響力，他的詞實可謂震撼一世了。死後有關他的葬地的記載，也有各種不同的傳說，計有以下四說：

(1)（耆卿）既死，葬於棗陽縣花山，遠近之人，每遇清明日，多載酒肴，飲于耆卿墓側，謂之弔柳會。（曾敏行　獨醒雜志）

(2)耆卿……遂流落不拓，卒於襄陽。死之日，家無餘財，群妓合金葬之於南門外，每春上塚，謂之弔柳七。（祝穆　方輿勝覽）

(3)永終爲屯田員外郎，死旅殯潤州僧寺。王和甫爲守時，求其後不得，乃爲出錢葬之。（葉夢得　避暑錄話）

(4)漁洋山人精華錄：『殘月曉風仙掌路，何人爲弔柳屯田』，今儀眞西地名仙人掌，與獨醒雜誌，方輿勝覽所載柳葬處不合，俟更考之。（張宗橚　詞林紀事）

諸說紛紜，莫衷一是，由於史料殘缺，後人亦無法考其詳實，這種傳說只是顯示了柳永在下層階級的地位，也渲染了紅粉佳麗對他的一往情深。使得「凡有井水飲處，卽能歌永詞」的作家的故事更加淒豔動人，使一個平凡的人由於才華出衆而令人興起無限的懷念追思。

【附註】

註一　太宗對遼有高粱河之役，岐溝關之戰。眞宗時遼軍大擧入侵宋，訂下澶淵之盟。仁宗慶曆元年西夏事起，遼也乘機入侵。

註二　見福建通志一八九卷柳三變傳云：「仁宗四十年太平，鎭在漢苑不能出一語，乃於耆卿詞見之」。又見陳振孫直齋書錄解題云：「承平氣象，形容曲盡」。

註三　見王禹偁小畜集卷十建谿處士贈大理評事稱府君墓碣銘。

註四　見王禹偁小畜集卷三十云：「奧生誕、誕生瓊、瓊生祚、祚生瞪、瞪于公爲顯考」。

註五　福建通志及王禹偁所作之銘謂王審知曾召柳崇補爲沙縣丞，而八閩通志及十國春秋却說是王延政。按王審知卒於後唐同光三年（公元九二五年），時崇年八歲不可能有此事，又宋鄭文寶江表志卷中（墨海金壺本）有僞王閩王王延政之記載，可證前說之非。

註六　見福建通志一八九卷柳三變傳。

註七　見福建通志一七五卷柳崇傳、王禹偁小畜集卷三〇。

註八　見福建通志一七五卷柳崇傳、王禹偁小畜集卷三〇。

註　九　見福建通志一七五卷柳崇傳，王禹偁小畜集卷三〇。
註一〇　見福建通志一七五卷柳崇傳，王禹偁小畜集卷三〇。
註一一　見福建通志一七五卷柳崇傳，王禹偁小畜集卷三〇。
註一二　十國春秋柳崇傳云：「子宜、宣、寘、宏、寀、密、察」。福建通志一七五卷柳崇傳云：「崇子六人宜、宣、寘、宏、寀、察」除密外，其餘兒子通志都有明確的介紹。
註一三　見福建通志一七五卷柳崇傳，王禹偁小畜集卷三〇。
註一四　見十國春秋卷九二（閩）八。
註一五　見王禹偁小畜集卷二〇，送柳宜通判全州序。
註一六　見王禹偁小畜集卷三〇。
註一七　見王禹偁小畜集卷二〇。
註一八　見福建通志一八九卷柳三變傳。
註一九　見福建通志一八九卷柳三變傳。
註二〇　見福建通志一七五卷柳崇傳，王禹偁小畜集卷三〇。
註二一　見福建通志一七五卷柳崇傳，王禹偁小畜集卷三〇。
註二二　見十國春秋卷九二（閩）八。
註二三　見福建通志一七五卷柳崇傳，王禹偁小畜集卷三〇。
註二四　見唐某、金某論柳永詞。
註二五　見福建通志一七五卷柳崇傳。

註二六　見唐某、金某論柳永詞。

註二七　見王禹偁小畜集卷三〇。

註二八　見王禹偁小畜集卷三〇。

註二九　見福建通志一八九卷柳三變傳。

註三〇　見唐某、金某論柳永詞。

註三一　見唐某、金某論柳永詞。

註三二　見唐某、金某論柳永詞，又見鄭文焯校評樂章集云：「予偶覽宋袁文甕牖閒評載，黃太史乙酉生，是時有柳彥輔者，乃耆卿之孫，善陰陽，能度人生死，謂太史向後災難當見于六十以下，後太史以六十一貶，宜州卒。是永非無後，且有賢孫，深明氣緯，所交必多當代名流，亦足爲柳家明德之後。爲之補傳者，庶增一故實焉。」

註三三　關於柳永初名與字有兩種截然不同的說法：陳師道後山詩話以「三變」爲初名，後改永。葉夢得避暑錄話以爲永是初名後改名三變。而以陳說爲可信。

註三四　柳永改名爲永，在時間上有二說；能改齋漫錄云柳三變改名字，景祐元年方及第。澠水燕語謂三變登進士後以疾改名永。後山詩話謂三變改京官，仁宗以無行黜之，後改名永。以上諸說中，一般皆言改名在登第後。

註三五　柳永確實生卒年月日至今仍是個謎，各家推測見仁見智、莫衷一說。如儲皖峯「宋詞人柳永生年的推測」及「柳永生卒考」。近人高某「柳永遺事考異」，近人唐某「柳永事迹新證」，唐某、金某「論柳永的詞」均探討柳永生卒年。今採取台大博士論文樂章集析論廖爲祥研究之結論。

註三六　有人以爲柳永是樂安人，如杜文瀾詞人姓名錄、徐聲越唐詩宋詞選。而王易詞曲史、張宗繡詞林紀事以爲是崇安人。而樂安在山東或江西，崇安則在福建，是耆卿當爲崇安人。

註三七　見鄭琳，柳永詞研究，文化大學碩士論文。

註三八　見胡仔苕溪魚隱叢話。

註三九　見中國文學小史北宋詞人趙景深編，中新書局出版。

註四〇　見吳曾能改齋漫錄卷十六。

註四一　見福建通志一八九卷柳三變傳。

註四二　見王書奴著中國娼妓史第五章官妓鼎盛時代第八節宋代的娼妓與詞。

註四三　見王書奴著中國娼妓史第五章官妓鼎盛時代第八節宋代的娼妓與詞。

註四四　柳永登第時期各家有不同的說法：一是景祐元年方及第，此說見葉夢得避暑錄話。一是八閩通志，景祐中第進士。一是澠水燕說錄：景祐未登進士。應以景祐元年之說爲是。

註四五　見詞話叢編卷七，宋翔鳳樂府餘論頁二四六三。

註四六　見福建通志一八九卷柳三變傳。

註四七　見福建通志一八九卷柳三變傳。

註四八　見福建通志一八九卷柳三變傳。

第二章　柳詞探析

第一節　形式方面

詩歌是一種「語言的藝術」（註一），而語言本身具有表義與形體兩大機能。通常語言的意義是訴諸人的知性，指示意義的方向；而語言的聲音則訴諸人的情緒，闡示意義的態度。所以雖然有了意義，却必須透過聲音的音響效果，意義才能眞正明確的完全顯示出來。而詩人們發揮語言之效能，使之變成詩的語言，就是將這兩種機能加以發揮，以構造詩的兩種性格。在詩歌裏面，一發展爲詩的繪畫性，一發展爲詩的音樂性（註二）。詩的音樂性是一種時間性的聽覺效果，端賴詩歌的「體裁格律」而形成；詩的繪畫性是一種空間性的視覺效果，端賴詩歌的「遣詞造句」而表現。因此探討詩歌的外在形式，也就是探析詩歌的「格律體裁」和「遣詞造句」。故本章分二節敘述：

甲、格律體裁

詩的音樂性是一種時間性的聽覺效果，端賴詩歌的「格律體裁」形成，而詩歌的格律體裁也形成了藝術化的音響，卽詩歌具有的音樂性，而節奏是「詩與樂的公同命脉」（註三），因此詩歌的音樂性，是以節奏爲基本要素。然而什麼是詩歌的節奏呢？

「外物的客觀的節奏和身心的內在節奏交相影響，結果在心目中所產生的印象才是主觀的節奏，詩與樂的節奏，就是這種主觀的節奏，它是心物交感的結果，不是一種物理的事實」。（註四）

這段話說明詩與樂的節奏與自然存在的客觀節奏有所不同，存在於外界的自然節奏，必須通過心靈情感的認可，也就是心物交感的作用，才能成爲一種美感經驗，也才是詩歌與音樂的節奏。

節奏，或稱「韻律」……是一種有規律，有次序又繼續不斷的活動……拿音樂來說，節奏是音的長短強弱定時起伏相諧相生的「流」、沒有這種「流」，音樂就不能引人動人，以詩來說，節奏是一種定期強勢法（periodical emphasis），也就是字音在聲音關係上的排列。詩人表現節奏，最顯明就是格律和韻脚，有了這些，詩才

能抑揚、宛轉、均衡、流暢，所以名詩人愛倫坡（Allen Pol）說：「詩是美的韻律的創造。」（註五）

此處更進一步說明音樂以長短強弱定時起伏相諧相生的音調表現其節奏，詩歌是一種韻律形式，以格律和韻脚的配合表現節奏。所謂韻律，卽是文心雕龍聲律篇所云：「異音相從謂之和，同聲相應謂之韻。」換作現代語來說：「律爲性質不同的音樂的配合，而韻則爲性質相同的陪音之重複。」（註六）

在探討詩歌的韻律形式或者詩歌的音樂性時，必須具有以下三個觀念。第一、詩歌以語言爲其表現媒材，語言是聲義合一的，因此詩的意義階層與聲音階層密不可分。探討詩歌的韻律形式，就不僅僅須注意到句中的聲調的配合和句尾韻母的呼應而已。更應注意聲義合一，聲由情出，情在聲中的聲詞情之配合。第二、詩歌的韻律形式，雖是一個固定、普通的音樂模式，但它是爲心靈情感而存在的，所以詩人可以在固定統一的韻律形式中，掌握語言音響的表現性，運用有限的自由，創造最理想的節奏形式。第三、詩中表現節奏，最顯明者固然是格律和韻脚，然而句式和句法所產生的音樂效果，也是不應忽視的。

在敘述過廣義詩歌的音樂性之後，現在單就詞的特殊情形略加說明。

詞的淵源，一般都認爲文體和音樂的結合。文體上是從唐代近體詩演變而來，音樂上則源於隋唐燕樂，自光緒年間敦煌曲發現之後，則又知詞的音樂每受當時民間曲調的影響。詞最初並無詞調，僅以五七言律絕配合上樂調，到了唐朝中葉以後，詞體漸漸成熟，方形成「調有定格、字有定數、韻有定聲（註七）的諸多詞調。不過自律調宮譜漸次亡失之後，詞的實際音樂情況已不能確知。然而宮調緣律呂，歌辭出自語言，樂有抑揚高下之節，聲有平上去入之差，雖然四聲與音律不同，但就今日流傳的作品，排比對照其平仄與用韻，猶可略窺當日審音求律之情形。

故本節不但從詞牌、聲調、用韻、句式這四方面來探討耆卿詞的音響節奏，也兼顧其審音求律之特色。

一、詞牌

詞是配合音樂的詩歌，既有音樂必有樂譜，每個樂譜的歌詞都有其一定的疊數與字數，故由於音樂旋律的不同，詞的腔調也因之而異，每一個腔調都予以一特定的名稱，即所謂詞牌。樂章集二百零六首詞中（註八），共用了一百二十四個詞牌，這一百二十四個詞牌，經分析歸納分爲三類情形：

一、承襲舊調者：如八六子、卜算子慢、六么令、少年遊、木蘭花、甘草子、西江月、迎春樂、巫山一段雲、河傳、秋夜月、促拍滿路花、看花回、破陣樂、浪淘沙令、清平樂、望漢月、梁州令、雪梅香（註九）、菊花新、望遠行、御街行、減字木蘭花、訴衷情、傾杯、瑞鷓鴣、殢人嬌、鳳銜杯、滿江紅、醉蓬萊、鳳棲梧、燕歸梁、歸朝歡、臨江仙、鵲橋仙等三十五調，皆是柳永以前或同時的詞人所用過的詞調。

二、因舊創新者：如八聲甘州、二郎神、小鎮西、曲玉管、安公子、雨霖鈴、夜半樂、留客住、隔簾聽（註一〇）、內家嬌、拋球樂、送征衣、洞仙歌、婆羅門令、鳳歸雲（註一一）、女冠子、木蘭花慢、玉蝴蝶、永遇樂、長相思（慢）、定風波、荔枝香引、秋蕊香引、浪淘沙慢、集賢賓、訴衷情近、錦堂春、應天長、離別難、臨江仙慢與臨江仙引等三十一調（註一二）皆是柳永沿用舊調而益其節拍，增其韻疊或變小令，或延中調而成者。

三、自度新調者：如一寸金、小鎮西犯、引駕行、玉女搖仙佩、玉山枕、甘州令、西平樂、竹馬子、早梅芳、合歡帶、西施、如魚水、迎新春、尾犯、金蕉葉、佳人醉、采蓮令、受恩深、征部樂、長壽樂、兩同心、法曲獻仙音（法曲第二）、柳腰輕、思歸樂、宣清、迷仙引、迷神引、郭郎兒近拍、彩雲歸、透碧霄、戚氏、陽台路、惜春郎、笛家弄、尉遲杯、祭天神、晝夜樂、黃鶯兒、過澗歇近、塞孤、夢還京、滿朝歡、慢卷紬、駐馬聽、輪台子、憶帝京、雙聲子、歸去來、鶴沖天、鬬百花等五十調，皆是未經前人或同時詞人所運用過的詞牌，因而論爲柳永自度的新調。

今分項探討之：

㈠宮調

宮調爲舊樂曲音調之統稱，吳梅詞學通論云：

音者何：宮、商、角、徵、羽、變宮、變徵七音也。律者何？黃鍾、大呂、太簇、夾鍾、姑洗、中呂、蕤賓、林鍾、夷則、南呂、無射、應鍾之十二律也。以七音乘十二律。則得八十四音。不名曰音，別名曰宮調。何謂宮調？以宮音乘十二律，名曰宮。以商、角、徵、羽、變宮、變徵乘十二律，名曰調，故宮有十二、調七十二。（註一三）

而每個宮調演奏時其樂器用調之高下，都有一定，即有一定之「管色」，「管色」猶如今西樂中C、D、E、F、G、A、B七調。又有一定的「殺聲」，即有一定的起聲與結聲（該篇樂譜首尾兩音），每個詞牌必隸屬一宮或一調，如「黃鍾宮管色用六字，黃鍾宮之各牌起結聲，爲合字或六字，故黃鍾宮下各牌如侍香金童，傳言玉女、絳都春諸詞，皆用六字管色，而以合字或六字爲諸牌之起結聲」。（註一四）柳永樂章集計用十七個宮調，其名如下：

1.正宮　2.仙呂宮　3.大石調　4.雙調　5.小石調　6.歇指調　7.林鍾商　8.中呂調

9.平調　10.仙呂調　11.南呂調　12.般涉調　13.黃鍾羽　14.散水調　15.黃鍾宮　16.中呂宮

17.越調

屬於「正宮」者計有黃鶯兒、玉女搖仙佩等七個詞牌。屬於「中呂宮」者計有送征衣、晝夜樂等五個詞牌；屬於「仙呂宮」者計有傾杯樂、笛家弄等二個詞牌；屬於「大石調」者計有迎新春、曲玉管等十七個詞牌；屬於「雙調」者，計有雨霖鈴、定風波等十三個詞牌；屬於「小石調」者計有法曲獻仙音、西平樂等六個詞牌；屬於「歇指調」者，計有永遇樂、卜算子等八個詞牌；屬於「林鍾商」者，計有古傾杯、破陣樂等二十九個詞牌；屬於「中呂調」者計有戚氏、輪台子等十九個詞牌；屬於「平調」者，計有望漢月、歸去來等六個詞牌；屬於「仙呂調」者，計有望海潮、如魚水等二十七個詞牌；屬於「南呂調」者，計有透碧霄、木蘭花慢等五個詞牌；屬於「般涉調」者計有塞孤、瑞鷓鴣等五個詞牌；屬於「黃鍾羽」者有傾杯一詞牌；屬於「散水調」者有傾杯、傾杯樂二詞牌；屬於「黃鍾宮」者有鶴沖天一詞牌；屬於「越調」者有清平樂一詞牌。

按與柳永同時之詞家，如晏殊、歐陽修之詞皆不列宮調，張先「子野詞」中所列僅十四宮調（註一五）。

除了上述同一宮調中包括各種不同的詞牌外，另外有十七首同名異調的詞，即同一詞牌却分屬不同的宮調，今列表如下：

詞牌	宮調名稱	詞數
1. 傾杯樂（又名古傾杯、傾杯）	仙呂調、大石調、林鍾商、黃鍾羽、散水調	8
2. 女冠子	大石調、仙呂調	2
3. 定風波	雙調　林鍾商	
4. 安公子	中呂調　般涉調	
5. 引駕行	中呂調　仙呂調	
6. 洞仙歌	中呂調、般涉調、仙呂調	3
7. 長壽樂	平調　般涉調	
8. 望遠行	仙呂調　中呂調	
9. 祭天神	中呂調　歇指調	
10. 尾犯	林鍾商　正宮調	
11. 歸去來	平調　中呂調	
12. 鳳歸雲	仙呂調　平調	

13. 瑞鷓鴣	南呂調　般涉調	4
14. 迷神引	仙呂調　中呂調	
15. 燕歸梁	平調　中呂調	
16. 鶴冲天	大石調　黃鍾宮	
17. 木蘭花（玉樓春）	大石調　林鍾商	

上表諸詞除小令外，其他各首的分句形式都各不相同（註一六），另外，還有十五個詞牌的詞屬於同一宮調、同一詞牌，但分句形式却也相異（註一七），這些分句形式不同的現象，正表示詞的音樂性的複雜變化，也正充分顯示出柳永在慢詞配樂上的創造性，遠超過他同時代的詞家如晏殊、歐陽修、張先等人，打破了形式固定的小令，革新了舊有的詞壇，使詞體朝一新方向發展。

因爲柳永的詞深具創造性，其所用詞牌多數爲當時詞家所罕用，所以後世遂有「僻調」之稱，如鄒祇謨遠志齋詞衷云：

「僻調之多，以柳屯田爲最」（註一八）

按樂章集中的「僻調」或「孤詞」由「欽定詞譜」及「萬氏詞律」中可知計有四十首。如：

內家嬌：詞譜云：「此調僅見此詞（柳詞）無他作可校」

曲玉管：詞譜云：「無別首宋詞可校」

玉山枕：詞律云：「此調無他作者，平仄當悉遵之」

如魚水：詞律云：「柳詞僻調難得如此嚴整者」

此外尚有：送征衣、秋蕊香引、婆羅門令、隔簾聽、臨江仙慢、早梅芳、合歡帶、迎新春、金蕉葉、佳人醉、采蓮令、受恩深、征部樂、迷仙引、柳腰輕、看花囘、思歸樂、宣清、郭郎兒近拍、彩雲歸、惜春郎、陽台路、集賢賓、夢還京、滿朝歡、駐馬聽、輪台子、歸去來、雙聲子、西施、傳花枝、小鎭西犯、甘州令、祭天神、長壽樂等詞。此四十個詞牌幾乎全爲中調與長調。柳詞「僻調」之多，推究其原因，除上述深具創性外，當由於柳永之詞是屬於民間的通俗樂曲，所謂「凡有井水處，卽能歌柳詞」（葉夢得避暑錄話），爲一般士大夫階級所鄙棄，如黃昇花菴詞選記載：

「秦少游自會稽入京，見東坡，坡曰：『久別當作文甚勝，都下盛唱公：「山抹微雲」之詞，秦遜謝。坡遽云：『不意別後，公却學柳七作詞。』秦答曰：『某雖無識，亦不至是，先生之言，無乃過乎！』坡云：『銷魂當此際，非柳詞句法乎！』秦慚服，然已流傳，不復可改矣。」

可知學柳七作詞，爲上層社會之詞人所不屑之事，因此遂使柳詞詞調成爲後人所謂之「僻調」

「孤詞」。

(二)犯調

樂章集中有「尾犯」兩首，分屬於林鍾商與正宮兩調，又有「小鎮西犯」一首，屬於仙呂調。姜夔白石道人歌曲云：

「凡曲言犯者，謂以宮犯商、商犯宮之類，如道調宮上字住，雙調亦上字住，所住字同，故道調曲中犯雙調，或於雙調曲中犯道調，其他準此。唐人樂書云：『犯有正旁偏側，宮犯宮，爲正宮；犯商，爲旁宮；犯角爲偏宮；犯羽爲側宮，此說非也，十二宮所住字各不同，不容相犯，十二宮特可犯商角羽耳」（卷四）

按犯調卽西方音樂所稱之「轉調」，卽一篇樂譜之中，忽而轉入甲宮調，忽而又轉入乙宮調，忽而又回到本宮調，以增加樂中變化（註一九）。

北宋初年文人如晏殊之珠玉詞、歐陽修之六一詞、及張先之子野詞等皆無犯調，柳永深通音律，故知變動，以製作新聲。以上三詞中，其中「小鎮西犯」一首，在樂章集中另有「小鎮西」之作，此二詞必有關聯，因二詞中前段第一句至第三句與後段第一句至第四句，句韵盡同，由此局部相同之處，可知兩者不僅只是調名相似而已。至於所犯之宮調究竟爲何？已不可得知。但柳詞在製作樂曲方面，能另闢蹊徑，進而啓示了北宋大家周邦彥、南宋大家姜白石的創作，其功實不可沒。

㈢長調

詞調有短有長，短的叫作「令」，長的叫作「慢」，通稱爲「小令」「長調」（註二〇），長調叫作「慢」，取調長聲緩之意，其特徵爲字數增多（註二一）。可見本來是小令演變出來的，如小令有西江月、長調有西江月慢；小令有卜算子、長調有卜算子慢。（註二二）

柳永「是頭一個善寫長調的詞人」（註二三），南宋初年人吳曾著能改齋漫錄云：

「按詞自南唐以來，但有小令。慢詞當起於仁宗朝，中原息兵，汴京繁庶，歌台舞席，競賭新聲。耆卿失意無俚，流連坊曲。遂盡收俚俗語言，編入詞中，以便伎人傳習。一時動聽，散播四方。其後東坡、少游、山谷等相繼有作，慢詞遂盛。」

慢詞類皆長詞，宋翔鳳樂府餘論上云：

「詞由小令而有引詞，又曰近詞，謂引而近之也。又次而有慢詞。曼者，謂慢聲而歌者也。」

據此慢詞是北宋新興樂府，其內容聲調，偏於曼豔，其形式較長於令詞（註二四）宋史樂志云：

「宋初置敎坊，得江南樂，已汰其坐部不用，自後因舊曲創新聲，轉加流麗」。

此所謂「因舊曲創新聲」之新聲卽北宋新興樂府—長調慢詞。自此以後凡是自創、非由令詞演變出來的長調，也都叫作「慢詞」（註二五）。

北宋新興樂府—「新聲」有兩類，一類來自「敎坊」，而敎坊只用太宗、仁宗所撰製及其自製樂曲。宋史樂志云：

「太宗洞曉音律，前後親制大小曲，及因舊曲創新聲者，總三百九十。凡製大曲十八、曲破二十九、琵琶獨彈曲破十五、小曲二百七十、因舊曲造新聲者五十八。……」

樂志又云：

「民間作新聲者，而敎坊不用。太宗所製曲，乾興以來通用之。仁宗洞曉音律，每禁中度曲，以賜敎坊或命敎坊使撰進，凡五十四曲，朝廷多用之。……」

據此「新聲」另有來自「民間」，由於民間流行之新聲俚俗，因敎坊不用。總之，「新聲」流行於敎坊或里巷間。

令詞於北宋初期，旣發達至最高之境，漸不爲普遍社會所理解（註二六），當時作家如晏殊、歐陽修仍祖述南唐，而專工小令，在此時期詞雖漸爲士大夫所重視，而於令慢諸曲，頗存歧視之心，以令詞爲詩人習用，已歷百年，而慢詞在盛唐以迄宋初，尙未爲士大夫所注意，僅流行於敎坊或里巷間，雖同屬依新曲而製之歌詞，在宋初又儼然有雅俗之大界。（註

二七）

柳永交流了「敎坊新聲」與「民間里巷之新聲」。胡薇之歲寒居詞話云：

「柳永耆卿樂章詞；敎坊得新腔，必求爲詞，始行於世。……」

葉夢得避暑錄話云：

「……敎坊樂工，每得新腔，必求永爲詞，始行於世。」

旣因舊曲創新聲，則歌詞體製，自必隨之進展，於是風流倜儻，藝術創作慾旺盛之詞人柳永，當其「失意無俚，流連坊曲」（註二八）之際，悟得賞鑑民衆之新樂曲及其歌詞之妙處，才「盡收俚俗語言，編入詞中」。（註二九）李清照詞論云：

「始有柳屯田永者，變舊聲作新聲，出樂章集大得聲稱於世。……」

柳永出而慢詞長調始大行於士大夫間。吳曾能改齋漫錄云：

「仁宗留意儒雅，務本理道，深斥浮豔虛薄之文，初進士柳三變，好爲淫冶曲調，傳播四方，嘗有鶴冲天詞云：『忍把浮名，換了淺斟低唱』及臨軒放榜，特落之曰：『此人風前月下，好去淺斟低唱，何要浮名，且塡詞去』，三變由此自稱『奉旨塡詞』」

所謂「淫冶曲調」卽就里巷流行之樂曲而爲之塡詞，陳師道旣言「三變游東都南北二巷，作新樂府，骫骳從俗，天下詠之」（註三〇）。葉夢得避暑錄話亦稱：

「永爲擧士時，狂遊狹邪，善爲歌詞，教坊樂工，每得新腔，必求永爲詞，始行於世」歌詞之轉變，恒視曲調爲轉移，而與聲色之場，發生密切關係，永既「骫骳從俗」又「狂遊狹邪」與歌妓之接觸的機會既多，自易嫻習其曲調，加之本性風流倜儻「且恁偎紅倚翠」，未要浮名，則世俗之毀譽固不介意其放肆爲慢詞；其流連秦樓楚館自有歌妓舞妓爲其傳唱作品，流遍民間，故「凡有井水飲處，即能歌柳詞」（註三一），於是盛行士大夫間之令詞，始爲四方之慢曲所壓倒。

探析樂章集二百零六闋詞，計用一百二十四個詞牌，其中小令只有二十一調，全集十分之八爲長調，若根據明代毛先舒說法樂章集中有三分之一強爲長調。（註三二）有了長調詞這種文體才得到發展的基礎，若是長久因襲唐、五代的小令形式，恐怕詞的歷史在北宋就要終了。詞的波瀾壯濶、氣象弘偉是長調興起以後的事了。（註三三）故長調之所以能在宋初由一個新興的形式，急速地轉變成爲一種熱門的文體，其強有力的開展局勢捨柳永以外，不作第二人想，而唐末、五代、宋初的那些長調創作者與柳永相較之下，都不過是過渡時期的人物。柳永在詞史上的地位主要就是奠定在他作長調的量與質上。

【附　註】

註一 王夢鷗，文學概論，頁二一，帕米爾書店出版。

註二 即是批評家佛萊（Northrop, Frye）所說：「文學似乎是介於音樂和繪畫二者之間，文學的語言一方面形成節奏，近於一串樂音，而在另一方面則形成圖案，近於象形文字的或圖畫的意象」N, Frye, Fables of Identity 頁一四。

註三 朱光潛，詩論，頁一一一，正中書局印行。

註四 見朱光潛詩論，頁一一三，正中書局印行。

註五 劉燕富，詩與音樂，幼獅文藝一八六期。

註六 見王夢鷗文學概論，頁六四，帕米爾書店出版。

註七 徐師曾，文體明辨，詩餘。

註八 根據世界書局出版之「樂章集」，近人朱祖謀彊村叢書本收樂章集三卷，末附續添曲子一卷，詞二百零六首。由於版本不同，柳詞的詞數計算有所不同，如廖爲祥樂章集析論：「綜其二百十二闋，所用的曲調共有一百二十八個之多」（第四章技巧賞析㈡調多推陳出新頁一七二）。

註九 詞牌彙釋曰：「按此調梅苑無名氏詞乃詠雪梅香之作，因以名調，調名始自無名氏。柳永詞意含有悲秋情味，與調名源起似無關。詞律、詞譜均收柳詞作譜，而列爲此調正體，或以柳詞完善可從故也」。

註一〇 按以上數調曲名均見教坊記，雖原詞均已不得而見，但是自從敦煌曲被發現以後，此書記事之詳實性已被肯定，且從柳永之增衍敦煌曲詞調，亦可上推其與教坊記之曲調必有關連。

註一一 按以上數調「敦煌曲」裡已先出現，可見柳詞亦是通過增衍節拍而成者。

註一二 按：以上數調皆先有小令，而後經柳永增衍爲引、近、慢詞者。

註一三　見吳梅詞學通論第四章「論音律」，商務印書館發行。

註一四　見吳梅，詞學通論，第四章「論音律」，商務印書館。

註一五　張歡山舒藝室餘筆，有白石道人歌曲校語一篇中有云：「宋人詞集存於今者，唯張子野、柳耆卿分著宮調。其旁譜者唯堯章此集耳。」

註一六　如傾杯（又名古傾杯、傾杯樂）八首分屬於五個不同的宮調，有六種長短及分句形式：九十四、九十五、一百零四字、一百零七字、一百零八字及一百一十六字體。

註一七　如輪台子兩首詞都屬中呂調，但分句形式却不同。

註一八　見詞話叢編卷二　遠志齋詞衷　鄒祗謨

註一九　參王先祈編「中國音樂史」，中書書局出版。

註二〇　鄭師因百再論詞調一文謂「小令」「長調」二者的區別，並沒有固定的字數，大概七八十字以下即是小令；八十字以上卽是長調。草堂詩餘：「以五十字以內者爲『小令』，五十九至九十字者爲『中調』九十一字以上者爲『長調』」。

註二一　見王子武中國詩律研究第四章第二節詞的字數，文津出版社出版。

註二二　此說見鄭師因百從詩刊曲中「再論詞曲」一文，而王子武中國詩律研究中以爲慢詞與令詞的形式毫無關係。

註二三　見鄭因百師從詩到曲中「柳永、蘇軾與詞的發展」。柳永是頭一個善寫長調的詞人已成定論，而長調是否創始於柳永，還是一項紛爭的公案，有待商榷。認爲柳永是慢詞首創者的有吳梅詞學通論、李冰若論北宋慢詞、張友仁論北宋慢詞、劉子庚詞史、張夢機詞箋、豐嘉華、劉定中「柳永和慢詞」。

註二四　見胡雲翼中國詞史第十六章慢詞的起源與柳永。經氏出版社出版。

註二五　同註二〇鄭師再論詞調云：「……但其後完全自創非由小令演變出來的長調，也都叫作慢詞了。自然調名不一定有慢字，而且多數是後有的」。

註二六　見詞學季刊第二卷，龍沐勛「兩宋詞風轉變」。

註二七　雖同作詞，有雅俗之大界之例見宋張舜民畫墁錄曰：「柳三變既以調忤仁廟，吏部不放改官。三變不能塡，詣政府。晏公曰『賢俊作曲子麼？』三變曰：『祇如相公亦作曲子』公曰：『殊雖作曲子，不曾道『綵線慵拈伴伊坐』柳遂退。」

註二八　詞話叢編卷七，宋翔鳳樂府餘論。

註二九　詞話叢編卷七，宋翔鳳樂府餘論。

註三〇　見陳師道後山詩話。

註三一　見葉夢得避暑錄話。

註三二　見現代文學七卷第一期，梁麗芳著柳永的詞牌特色。

註三三　見鄭師因百從詩到曲中「蘇軾、柳永與詞的發展」。

二、聲　調

我國聲調分平上去入四聲，人之情感亦有喜怒哀樂之殊。詩詞曲律句中平上去入四聲之配合亦是聲調「高低快慢」之節奏，此節奏足以表達情感之喜怒哀樂。四聲有不同之情調：

平聲寬平，不升不降；上聲先抑後揚，是「用力費事之表情」；去聲由升而降，偏於「秀媚清脆」；入聲短促急藏，表示「深切而直截」（見詩學淺說）。此四聲由其平與不平可分爲平仄二類，而詩詞曲所講求之平仄律，便是運用聲調之平與不平，使之產生「高低快慢」之節奏，由此節奏以宣洩情感上之喜怒哀樂。

詞體初起之時形式上，聲韻上多與五、七言近體詩相近；至北宋初期，始寬入聲而嚴去聲，如晏殊作詞，凡音律上當用「去」者，絕不假以「上」、「入」。但對於「上」、「去」之辨則有待柳永而始明。柳氏精於審音，在詞的制作上充分發揮了詞的音樂性。亦卽善用平上去入四聲之情調以宣達個人之情感。萬樹詞律發凡云：「夫一調有一調之風度聲響，若上去互易，則調不振起，自成落腔……。蓋上聲舒徐和軟，其腔低；去聲激厲勁遠，其腔高，相配用之，方能抑揚有致」，由此可知「上」、「去」二聲之重要。柳永善辨「上」、「去」，故柳詞之「風度聲響」皆諧婉有致，故造成柳詞之風靡流行。今試探樂章集中聲調：平仄之配合。

甲類：以律句配合而成。卽以兩平兩仄相間者。唐、五代詞什之八、九皆爲律句，宋詞則多爲律拗相參。探析樂章集中全首每句皆爲律句者爲數有限。如：

訴衷情近

雨晴氣爽，佇立江樓望處。澄明遠水生光，重疊暮山聳翠。遙想斷橋幽徑，隱隱漁村，向晚孤煙起。殘陽裡。脈脈朱闌靜倚。黯然情緒，未飲先如醉，愁無際，暮雲過了，秋風老盡，故人千里。竟日空凝睇。

本調七十五字，上片七句，下片九句。每句都是平仄兩兩相對的律句配合而成的諧調。整闋詞抒寫雨晴氣爽、登高遠眺、觸景而生的惆悵之情。如上片首句用罕見之律句「雨晴氣爽」是「上平去上」。第四句「重疊暮山聳翠」是「平入去平去上」。下片第二句「脈脈朱闌靜倚」是「入入平平上去」、第六句「暮雲過了」是「去平去上」。「上聲舒徐和軟，去聲激厲勁遠，一激一徐相配而用，始能抑揚有致，諧美悅耳。

看花回

玉墄金堦舞舜干。朝野多歡，九衢三市風光麗，正萬家，急管繁絃。鳳樓臨綺陌。佳氣非煙。雅俗熙熙物態妍。忍負芳年。笑筵歌席連昏晝，任旗亭，斗酒十千。賞心何處好，惟有尊前。

本調六十八字始自柳永。全調皆是合乎平仄相對的諧句。四言如「一｜一一」：上片之「朝野多歡」、「佳氣非煙」；下片之「惟有尊前」。平聲寬平，上聲先抑後揚，去聲由升而降。以上兩句或是「平上」、或是「平去」兩兩相配，和諧動聽。又如：「｜｜一一」下片之「忍負芳年」，「忍負」爲「上」「去」，一激一徐相配而用，抑揚有致，悅耳諧婉。又五、七言「下三字」（註一），如「｜｜一」上片之「舞舜干」，下片之「物態妍」、「酒十千」。「｜一一」上片「管繁絃」。「一一｜」上片之「風光麗」，下片之「連昏晝」。「一｜｜」上片之「臨綺陌」，下片之「何處好」。均是二平或二仄相連，音節上亦顯得「抑揚和諧，流麗悅耳」。本調便是在兩平兩仄相連合奏下把北宋朝野多歡，風光旖旎之承平景象，形容曲盡。

乙類：夾有拗句者。拗句者，乃是故意破壞平仄兩兩相對的情形，以便在不平衡的句中求得平衡。這種在不平衡中找平衡的句法能增加句的強度，富於音樂性、變化大、篇幅亦可因之增長。樂章集之所以有十分之八以上的慢詞，就是應用了律拗相參的句法。其中有夾有一句拗句者亦有多至五句以上的拗句者。現舉例說明如下：

雨霖鈴

寒蟬淒切，對長亭晚，驟雨初歇，都門帳飲無緒，方留戀處，蘭舟催發。執手相看淚眼，竟無語凝咽。念去去，千里煙波，暮靄沈沈楚天濶。多情自古傷離別，更那堪，冷落清秋節。今宵酒醒何處？楊柳岸，曉風殘月。此去經年，應是良辰，好景虛設。便縱有，千種風情，更與何人說。

本詞寫將要分別以及想像分別之後的情景，用筆鋪敘點染，層層深入。爲了配合詞意，在聲調上以拗句來表達作者當時曲折淒婉的心情。上片拗句「都門帳飲無緒」是「平平去上平去」，本句第六個字本應平却拗成「去」。「執手相看淚眼」是「平上平去去上」，本句第四個本應平却拗成「去」。「竟無語凝咽」是「去平上平入」，本句第四字本應仄却拗成平。「暮靄沈沈楚天濶」是「去上平平上平去」，本句第六字應仄拗成平。審辨上下文意，可知「去聲」的「緒」、「看」；平聲的「凝」、「天」，都是作者故意增強句的強度，予人峻峭之感，以表達其留戀難捨之情。下片拗句「今宵酒醒何處」是「平平上上平去」，本句第六字本應平却拗成「去」聲，去聲激厲勁遠，偏於「秀媚清脆」，以此表達出想像別後之地「楊柳岸，曉風殘月」，景色雖秀美怡人，終因佳人不在，故下句云：「應是良辰好景虛設」。本詞如果太拘於平仄兩兩相對的諧句，就無法把和情人難以割捨的離情表達出來，反而容易流於平和舒徐。由於應用拗句，而使這首送別詞於清和朗暢中表現出「意致綿密」的情感。

八聲甘州

對瀟瀟暮雨灑江天，一番洗清秋。漸霜風凄緊，關河冷落，殘照當樓。是處紅衰綠減，苒苒物華休。唯有長江水，無語東流。不忍登高臨遠，望故鄉渺邈，歸思難收。嘆年來踪跡，何事苦淹留？想佳人，妝樓長望，誤幾回，天際識歸舟？爭知我，倚闌干處，正恁凝眸。

本詞爲佇興之作。上片九句寫景極盡蕭瑟悲涼，作者利用拗句強調秋之蕭瑟，如「一番洗清秋」是「入平上平平」，本句第四字本應仄却拗成「平」，平聲中夾一「上」聲，上聲先抑後揚，聲響舒徐和軟，奏出雨中的秋景，頗富「俊爽之致」。「漸霜風凄緊」是「去平平平上」，用「去聲」之「漸」字爲領調字，以貫串上句之「一番洗清秋」及下句之「關河冷落，殘照當樓」。這亦是「上」「去」分用，而把「一激一徐」之抑揚之情拉長，可謂寓悲苦之情於風緊日斜的蒼涼景色之中，因此有「音節悲抗，如江天聞笛、古成吹笳」之蒼勁感。故蘇東坡說柳永此作「唐人佳處，不過如此」（見詞品）。下片九句，拗句「望故鄉渺邈」是「去去平上上」。去去，有勁切之感。而本句之第四字本應平聲却拗成上聲。而上上連用，由於其升降幅度在有限的語言段落裡，故曲折變化得無法將其正確的聲調傳達出來，作者藉「上」「上」連用的聲調表達其眷戀故鄉低咽之情，這是作者故意破壞平衡，以表達其難以平伏的感情。故找下句「歸思難收」「平去平平」來平衡感情。拗句「歎年來踪跡」是「去平平平入」。去聲激厲勁遠，用去聲「歎」字來貫串上下句；又本句第四字本應仄却拗成平，作者故意用平聲表現感情之纏綿難忘。本詞由於運用拗句，故能交融蕭瑟悲涼之景與纏綿旖旎之情，遂使本詞贏得「格高千古，不能以常調論也」之讚語（見人間詞話）。

雪梅香

|—|　——|||——　|———|　——||——　—|——||—|　|——|
景蕭索，危樓獨立面晴空。動悲秋情緒，當時宋玉應同。漁市孤烟裊寒碧，水村殘葉

|——　|—|　||——　—|——　——　|—|　||——　||——　|
舞愁紅。楚天濶，浪浸斜陽，千里溶溶。臨風，想佳麗，別後愁顏，鎮斂眉峰。可

惜當年，頓乖雨跡雲蹤。雅態妍姿正歡洽，落花流水忽西東。無聊恨，相思意，盡分付征鴻。

本詞描述作者因登高、望見蕭瑟之景而動悲秋情緒。其惆悵悲切之情可由聲調的配合上見出。如上片首句使用拗句「景蕭瑟」「上平去」起音，按上聲舒徐和軟，去聲激厲勁遠，上去配合本爲美聽，然中間放一「平聲」字便令人沈吟不已了。「動悲秋情緒」是「去平平平去」，二「去」中間夾「三平」遂把悲秋之情表露無遺。「漁市孤煙裊寒碧」是「平去平平上平入」，本句第六字本應仄却成「平」，以強化平聲「寒」字，使秋意更蕭瑟。下片拗句「想佳麗」是「上平去」，道出思念佳人之悠悠情懷。「雅態妍姿正歡洽」是「平去平平去平去」，本句第六字本應仄却拗成平，使回憶之情長留心頭。可惜此情不常在，故以由升而降的去聲收之。因而下句便說：「落花流水忽西東」是「去平平上去平平」使感傷之情縈迴不去。結句「盡分付征鴻」是「去平去平平」，本句第四字本應仄却拗成平，是強調把惆悵之情，託之於無奈。本句以拗句起句，又以「拗句」結句，在聲調上充分表現了「惆悵」之聲情，故鄭師因百說：「此調流利頓挫，甚爲美聽」。（見鄭師詞選）

竹馬子

登孤壘荒涼，危亭曠望，靜臨煙渚。對雌霓挂雨，雄風拂檻，微收煩暑。漸覺一葉驚秋，殘蟬噪晚，素商時序。覽景想前歡，指神京，非霧非煙深處。向此成追感，新愁易積，故人難聚。憑高盡日凝竚，贏得銷魂無語。極目霽靄霏微，瞑鴉零亂，蕭索江城暮。南樓畫角，又逐殘陽去。

本詞敍述登高所見之景，因景而生情。上片十二句寫夏末初秋之景。起句便用拗句「登孤壘荒涼」「平平上平平」，兩平中間夾一「上」聲字「壘」，上聲先抑後揚，腔調低。予人荒涼感。「漸覺一葉驚秋」是「去入入入平平」，入聲短促急藏，入入，有激促之感，故曰：『一葉「驚」秋』，一「驚」字而點出夏末初秋的節候。下片十句抒發感舊之意，拗句「憑高盡日凝竚」是「平平去入平去」，本句第六字本應平却拗成「去」。「極目霽靄霏微」是「入去去上平平」，本句第三字本應平却拗成「去」，「去」聲字「竚」、「目」之安排，皆爲增加句的強度，以表達竚立、悲涼之情。結句「又逐殘陽去」是「去入平平去」，本句以去聲始、以去聲收，去聲腔調高，激厲勁遠，最能表現出秋之蒼茫孤高感。這種孤高感的情調便與首句拗句「登孤壘荒涼」之景相呼應，同時亦烘托出作者之落寞感。

綜合樂章集中平仄配合的情形，可知柳永在平仄的運用上已能細分「上」、「去」，「上去」或「去上」連用，或「上去」分用而爲「去平平上」或「去平上」的現象已經很多。又能嚴於入聲。在平仄的配合上他能大胆地運用拗句，在不平衡中找平衡以求對稱，故其詞深具音樂性，節奏多變化、優美動聽。又利用律拗相參的句法，製作大量的慢詞，後人評論柳永「精於音律、吐辭卽叶宮商者」（塡詞淺說），「音律甚協」（樂府指迷），「獨音律諧婉」（直齋書錄解題），誠爲的論。

【附　註】

註一　鄭師因百說：不論五言或七言，律的重要基礎在「下三字」，此下三字平仄配合情形有四諧：卽平平仄、仄仄平、平仄仄、仄平平。

三、詞　韻

根據世界書局樂章集、柳永詞計有二百零六首，其中用平聲者五十五、上聲者一、去聲者三、入聲者二十四、平仄轉韵者六、平仄互叶者四、上去通押者一百一十三（註一）。上去通押的情形超過柳詞的半數，這正如王了一先生在漢語詩律學第三章詞韵中所說：

「在唐宋人的詩句裡，已經有上去通押的情形，到了詞裡，上去通押更加普遍了。一般人總認爲上聲和去聲可以同用」。

從上述柳詞叶韵情形看來，是一個顯明的印證。

現在就柳詞用韵的情形與王了一先生在漢語詩律學第三章詞韵中歸納詞的用韵現象，做一個比較：

㈠一韵獨用

王氏改用廣韵說明淸仲恒詞韵（註二）的十九部中：歌哿箇、尤有宥、侵寢沁獨用，然此已有聲調之不同（卽平仄通押），柳永用韵中一韵獨用者：

豪、麻、陽、淸、侵

除了陽、侵是獨用外，其他如豪、麻、淸之獨用皆由於平仄轉韵中拆散而來，這自然只表示各韵可以獨用，不表示數韵非獨用不可。

㈡超出仲恒十九部韵者

柳永用韵通常不超出仲恒歸納的十九部範圍，亦有不以十九部爲局限者，在此一一分述之：

1.變而不離其宗——是指那些雖在詞韵爲不同部，然在切韵系統中爲同類者。柳詞中有

第三部之灰與第五部皆、咍、佳通叶。

(1)灰、咍

瑞鷓鴣其一以「梅、開、裁、顋、來、苔」為韻。「梅」合口屬「灰」。「開、裁、顋、來、苔」開口屬「咍」。

(2)佳、灰、咍

玉蝴蝶其二以「埃、裁、開、雷、萊、徊、釵、臺、罍、陪、來」為韻。「雷、徊、罍、陪」合口屬灰。「埃、裁、開、萊、臺、來」開口屬「佳」。

(3)皆、灰、咍

西施以「偕、懷、猜、來、埃、徊、臺」為韻。「徊」合口屬灰。「來、埃、臺」開口屬咍。「偕、懷」合口屬皆。屬合口灰韻之「梅、雷、徊、罍、陪」其韻母為 -uAi。屬開口韻之「開、裁、顋、來、苔、埃、臺」其韻母為 -Ai，屬合口皆韻之「偕、懷」其韻母為 -uɐi，屬開口佳韻之「釵」，其韻母為 -æi。

此諸韻不僅韻尾同為 i，主要之音 -A、-æ、-ɐ 亦甚接近，有可以通叶之理，或者柳氏口語中三個主要元音已混而為一，亦非不可能。

2. -t、-k、-p 相混——本來，在詞韻第十六、十七兩部中，-t、-k、-p 已經相混。此所要敍述的，是比詞韵十六、十七兩部更爲突出的現象，它們已超出了仲恒歸納的韵部。如第十七部麥、陌、錫、昔、職、德等韵與第十八部之月或薛韵通叶：

(1)月、麥、昔、錫、職、德

秋蕊香以「得、歇、刻、的、迹、憶、隔、息」爲韵。「得、刻」屬德韵，「歇」屬月韵，「的」屬錫韵，「迹」屬昔韵，「憶、息」屬職韵，「隔」屬麥韵。

(2)月、陌、麥、昔、錫、職、德

輪台子以「碧、月、笛、色、客、隔、息、織、得、側、益、陌、魄、役、擲」爲韵。「碧、役、擲、益」爲昔韵。「月」屬月韵。「笛」屬錫韵。「色、息、織、側」屬職韵。「客、陌、魄」屬陌韵。「得」屬德韵。「隔」屬麥韵。

(3)薛、陌、麥、昔、錫、職

浪淘沙以「息、滴、客、戚、極、力、惜、隔、說、憶」爲韵。「息、極、力、憶」爲職韵，「滴、戚」爲錫韵。「客」爲陌韵。「惜」爲昔韵。「隔」爲麥韵。「說」爲薛韵。

3. －n、－ng、－m相混——在宋代，一般說起來，－n、－ng、－m三個系統仍舊是分明的。－t、－p、－k界限的泯滅，遠在－n、－ng、－m的界限的泯滅之前。直到現在，北方官話還能保存－n、

-ng的分別。不過，詞人既可純任天籟，就不免爲方音所影響。當時有方音確已分不清楚-n、-ng、-m的，所以它們不能不混用了。柳詞有-n、-ng、-m相混的現象。

(1)柳永詞中有-n、-m相混的現象。

-n、-m相混的現象，卽王氏在詞韵中所言的第七部與第十四部通叶，現將王氏之例抄出：

風入松　　周紫芝

楚煙過後落花天（先，七部）
無奈春寒（寒，七部）
東風不管春歸去，共殘紅，飛上秋千（先，七部）
看盡天涯芳草，春愁堆在闌干（寒，七部）
楚江橫斷夕陽邊（洗，七部）
無限青煙（洗，七部）
舊時雲去今何處？山無數，柳漲平川（先，七部）
與問風前回雁，甚時吹過江南（覃，十四部）

錦堂春慢　　葛立芝

氣應三陽，氛燈六幕，翔鳥初上雲端（寒，七部）

問朝來何事，喜動門闌（寒，七部）？

田父占來好歲，星家說道宜官（寒，七部）

擬更憑高望遠，春在煙波，春在晴巒（寒，七部）

歌管雕堂宴喜，任重簾不卷，交護春寒（寒，七部）

況金釵整整，玉樹團團（寒，七部）

柏葉輕浮重醑，梅枝巧綴新幡（元，七部）

共祝年年如願，壽過松椿，壽過彭聃（覃，十四部）

（此詞韵脚皆係一等洪音，「幡」字亦如現代讀入洪音，故寒覃相通，比之寒先相通更爲和諧，假使韵尾-m已變爲-n的話。）

撲蝴蝶　　趙彥瑞

清和時候，薰風來小院（霰，七部）

瑯玕脫籜，方塘荷翠颭（琰，十四部）
柳絲輕度流鶯，畫棟低飛乳燕（霰，七部）
園林綠陰初徧（霰，十七部）
景初限（潸，七部）
輕紗細葛，綸巾和羽扇（霰，七部）
披襟散髮，心清塵不染（琰，十四部）
一杯洗滌無餘，萬事消磨去遠（阮，七部）
浮名薄利休羨（霰，七部）
（此詞上去通押，韵脚皆係三四等細音，「限」字亦如現代官話讀入細音，故頗爲和諧。先鹽通叶，其理由與寒覃通叶同。）

滿江紅　柳永

四馬驅驅，搖征轡，溪邊谷畔（換，七部）
望斜日西照，漸沈山半（換，七部）
兩兩棲禽歸去急，對人相竝聲相喚（換，七部）

似笑我，獨自向長途，離魂亂（換，七部）

中心事，多傷感（感，十四部）

人是宿，前村館（緩，七部）

想鴛衾今夜，共他誰暖（緩，七部）

惟有枕前相思淚，背燈彈了依前滿（緩，七部）

怎忘得，香閣共伊時，嫌更短（緩，七部）

（依照廣韵韵目感韵韵尾是-m，緩韵、換韵尾是-n。第七部與第十四部通叶，王氏所舉中的琰韵之「染」字，與柳氏感韵之「感」字，按高本漢中國音韵學方言字彙中福州城「感」已讀kaŋ，「染」字已讀nieŋ，柳氏福建崇安人其方音中「感」字是否已變成-ŋ，或許讀如今廣州語的-kam，只此一例，我無法斷定，更不敢武斷柳氏口中的-m尾或已演成-n尾。僅將此現象提出，藉以補充王氏所舉的例證。）

(2)有-n、-ng（-ŋ）相混的現象

-n、-ng相混的現象，即王氏在詞韵中所言的第六部與第十一部通叶，現將王氏之例抄出：

梅子黃時雨

張　炎

流水孤村，愛塵事頓消，來訪深隱（吻，六部）
向醉裏誰扶？滿身花影（梗，十一部）
鷗鷺驚看相比瘦，近來不是傷春病（敬，十一部）
嗟流景（梗，十一部）
竹外野橋。猶繫煙艇（迥，十一部）
誰引（軫，六部）
斜川歸興（徑，十一部）
便啼鴬縱少，無奈時聽（徑，十一部）
待棹擊空明，魚波千頃（梗，十一部）
彈斷琵琶留不住，最愁人是黃昏近（吻，六部）
江風緊（軫，六部）
一行柳絲吹瞑（徑，十一部）

瑤階草　程垓

空山子規叫，月破黃昏冷（梗，十一部）
簾幙風輕，綠暗紅又盡（軫，六部）
自從別後，粉消香膩，一春成病（敬，十一部）
那堪晝閒日永（梗，十一部）
恨難整（梗，十一部）
起來無語，綠萍破處池光淨（敬，十一部）
悶理殘妝，照花獨自憐瘦影（梗，十一部）
睡來又怕，飲來越醉，醒來却悶（願，六部）
看誰似我孤另（徑，十一部）

過澗歇近

酒醒（迥，十一部）
夢纔覺，小閣香炭成煤，洞戶蟾移影（梗，十一部）

人寂靜（靜，十一部）

夜永淸寒、翠瓦霜凝、疏簾風動、漏聲隱隱（隱，六部）

飄來轉愁聽（徑，十一部）

怎向心緒，近日厭厭長似病（映，十一部）

風樓咫尺，佳期杳無定（徑，十一部）

展轉無眠，粲枕冰冷（梗，十一部）

香蚪煙斷，是誰與把重衾整（靜，十一部）

（依據廣韻韻目隱韻韻尾是-n、徑韻、梗韻、靜韻、映韻韻尾-ng(-ŋ)。王了一先生舉例中的吻韻之「近」、軫韻之「盡」、吻韻之「隱」，在高本漢中國音韻學研究方言字彙中，福州話讀「近」爲kæyŋ，「盡」爲tecεiŋ，「隱」爲yŋ。柳氏福建崇安人，或可能柳氏讀隱爲yŋ，柳詞雖只有此一例，從方言字彙中可疑柳氏口中唸「隱」-n尾已演成-ng(-ŋ)，由於王氏的例中，我進而大膽地假使宋詞中大部分的-n尾已演成-ng(-ŋ)，這有待智者印證。

4.王了一先生在漢語詩律學詞韻中提出一種出於常理之外押韻，王氏稱之爲：「特別變例」，他說：「依現在所能發見者，則有語御與紙寘相通。這裡所謂語御，包括廣韻的語麌御遇（姥暮及輕脣字除外）。所謂紙寘，包括廣韵的紙旨止尾薺寘至志未霽祭」。分析柳詞的結果有五首是有語御與紙寘相通叶的現象。

⑴紙、止、至、「御」、霽、祭

訴衷情近其一以「處、翠、起、裏、倚、醉、際、里、睇」爲韵。「處」屬御韵，與屬止韵之「起、裏、里」，屬紙韵之「倚」，屬至韵之「翠、醉」，祭韵之「際」、霽韻之「睇」相通叶。

⑵紙、止、「麌」、薺、至、志、未、霽

十二時以「洗、氣、起、耳、繫、地、裏、思、雨、被、棄」爲韵。「雨」屬麌韵，與薺韵之「洗」、未韵之「氣」、止韵之「耳、起、裏」、霽韵之「繫」、至韵之「地、棄」、志韵之「思」、紙韵之「被」相通叶。（註三）

⑶止、「語」、至、未、霽、祭

內家嬌以「霽、媚、翠、計、里、際、麗、遞、棄、諸、氣、睇」爲韵。「緒」屬語韵，與霽韵之「霽、計、麗、遞、睇」，至韵之「媚、翠、棄」，止韵之「里」，祭韵之「際」，未韵之「氣」相通叶。

⑷「止」、語、姥、御、暮

洞仙歌以「去、渚、圃、擧、旅、市、處、阻、據、苦、暮、緒」爲韻。止韻之「市」與御韻之「去、處、據」，語韻之「渚、擧、旅、阻、緒」，姥韻之「圃、苦」，暮韻之「暮」相通叶。

(5)「止」、語、姥、御、遇、暮

夜半樂以「渚、處、起、擧、浦、樹、去、女、語、駐、據、阻、路、暮」爲韻，止韻之「起」，與語韻之「渚、擧、女、語、阻」，姥韻之「浦」，御韻之「處、去、據」，遇韻之「樹、駐」，暮韻之「路、暮」相通叶。

分析以上用韻，所謂以語御與紙寘相通的現象中，又發現洞仙歌與夜半樂之止韻，不僅與語御相通，而且有與姥暮通叶者，這是王氏所發見者之外的現象。柳永口中何以有此現象呢？我們可藉王氏之說作解釋，同時爲王氏之說作一個證明。他說：「有兩種可能的原因。第一種可能，是當時詞人的方音語紙御寘本來相混。例如現代粤語「水」、「許」、「翠」、「去」可以通叶，吳音「驟」，「里」可以通叶。第二種可能，是「y」、「i」兩音有近似之處，詞人從寬通叶」。柳永爲福建崇安人可能方音中語紙御寘相混。

5.許師詩英著論長恨歌與琵琶行用韻結論第十條中言：

「由於「婦」字（宥韻）與「去」字（御韻），「住、數」等字（遇韻），「部、汙、度、故」等字（暮韻）押韻，可以測知中唐時期尤侯，兩部中有一部分字，其韻母不變爲—ou或—iou，而與魚、虞、模之主要元音相同，皆爲—u，於是得以押韻矣」。由於分析柳詞用韻中發現尤、侯與魚、虞、模相押的現象甚多，此現象不僅證明 許師所言中唐時期已有此現象，宋詞中更爲多見。然王了一漢語詩律學詞韻未言及尤、侯與魚、虞、模通叶，此乃許師一大發現。現將柳詞用韻的情形說明之：

(1)語、麌、姥、「有」

祭天神以「語、炷、負、雨、聚、苦、緒」爲韻。有韻之「負」，與語韻之「語、緒」，麌韻之「炷、雨、聚」，姥韻之「苦」相通叶。

(2)語、姥、「有」、御、遇、暮

引駕行以「暮、舉、覩、浦、樹、許、遇、負、顧、處、去」爲韻。有韻之「負」，與語韻之「舉、許」，姥韻之「覩、浦」，御韻之「處、去」，遇韻之「樹、遇」，暮韻之「暮、顧」相通叶。

(3)麌、姥、「有」、御、遇、暮

迎新春以「布、煦、五、戶、度、樹、鼓、午、數、遇、阜、聚、去」爲韻。有韻之「阜」，與麌韻之「數、聚」，姥韻之「五、戶、鼓、午」，御韻之「去」，遇韻之

「煦、樹、遇」，暮韵之「布、度」相通叶。

⑷語、御、遇、暮、「宥」

永遇樂其二以「遇、脅、署、暮、富、庶、去、擧」爲韵。宥韵之「富」，與御韵之「署、去、庶」，遇韵之「遇」，語韵之「脅、擧」，暮韵之「暮」相通叶。

⑸語、「有」、御、遇、暮

擊梧桐以「與、素、許、慮、語、負、賦、暮、去」爲韵。有韵之「負」，與語韵之「與、許、語」，御韵之「慮、去」，遇韵之「賦」，暮韵之「素、暮」相通叶。

⑹語、麌、姥、「有」、御、遇、暮

女冠子以「布、暑、樹、語、吐、去、負、醑、主、緒、戶、處」爲韵。有韵之「負」，與語韵之「暑、語、醑、緒」，麌韵之「主」，御韵之「去、處」，遇韵之「樹」，姥韵之「吐、戶」，暮韵之「布」相通叶。

⑺語、麌、「有」、御、遇、暮

晝夜樂其一以「遇、聚、緒、暮、絮、去、訴、負、住、處、度」爲韵。有韵之「負」，與語韵之「緒」，麌韵之「聚」，御韵之「去、絮、處」，遇韵之「遇、住」，暮韵之「暮、訴、度」。

(8)語、麌、「有」、御、暮

鵲橋仙以「去、聚、侶、負、緒、語、願、訴、竚、處」爲韻。有韻之「負」與語韻之「侶、緒、語、竚」，麌韻之「聚」，御韻之「去、處」，暮韻之「願、訴」相通叶。

迷神仙以「暮、煦、路、雨、舉、阻、絮、負、覷、處、與、否」爲韻。有韻之「負、否」，與語韻之「舉、阻、與」，麌韻之「煦、雨」，御韻之「絮、覷、處」，暮韻之「暮、路」相通叶。

許師於論長恨歌與琵琶行用韻云：「魚、麌兩韻（舉平以該上，去聲韻，下同）之韻母已由-jo、-juo變爲-iu，而「模」韻由-uo轉爲-u。「尤、幽、侯」三韻之韻母多數字固已變爲-iou與-ou，而有少數字則仍讀爲-u……」，統計以上用韻情形：與魚、虞、模相叶之尤、侯之字，如有韻之「負、阜、否」，宥韻之「富」。及許師提的宥韻之「婦」字，皆爲唇音字，於此可推測那少數字其韻母仍讀爲-u而不變爲-ou或-iou者乃是唇音字，而與魚、虞、模之主要元音相同，皆爲-u。非唇音字的韻母字都變成-ou或-iou，因此沒有與魚、虞、模押韻的現象。

6.許師詩英著論「秦婦吟」用韻中論第三段首句：

「東鄰有女眉新畫，傾國傾城不知價；

長戈擁得上戎車，回首香閨淚盈把。

旋抽金線學縫旗，纔上雕鞍教走馬。

有時馬上見良人，不敢回眸空淚下。

此八句又轉爲上，去聲通押者。其韵字爲「畫、價、把、馬、下」。……然無論如何「馬、禡」二韵字合用無疑也。惟此二韵字通押並不稀奇，蓋本詩上，去聲韵字合用之例已數見矣。而其以「卦」韵字與「馬」、「禡」字合用，則較爲罕見，其「佳」韵字（舉平以該上去）之韵-i，已脫落也歟！」由於許師發現，後唐韋莊時期馬、卦、禡已有合用現象，唯較爲罕見。至宋詞馬、卦、禡通叶乃呈較普遍現象。柳詞中且有馬、夬、卦、禡及蟹、馬、禡、卦相押的現象，現分述之：

(1)蟹、馬、卦、禡

柳初新以「亞、也、奼、榭、價、罷、畫、化、冶、馬」爲韵。蟹韵之「罷」，與卦韵之「畫」，馬韵之「也、冶、馬」，禡韵之「亞、奼、榭、化」相通叶。馬韵之「也、冶、馬」，禡韵之「亞、奼、榭、化」，其韵母爲-a或-ja。蟹韵之「罷」，其韵母爲-æi，卦韵之「畫」，其韵母爲-uæi。

(2)馬、禡、卦

一寸金以「夏、榭、冶、畫、暇、化、罵、話」爲韵。夬韵之「話」，與馬韵之「冶」，卦韵之「畫」，禡韵之「夏、榭、暇、化、罵」相通叶。馬韵之「冶」、禡韵之「夏、榭、暇、化、罵」，其韵爲-a或-ja，卦韵之「畫」，其韵母爲-uæi，夬韵之「畫」，其韵母爲-uæi，夬韵之「話」，其韵母爲-uai。

王了一先生仲恒詞韵以廣韵說明中：第十部上聲馬、去聲卦（合口），禡可以通叶。但是在變例中未提及第五部蟹，夬可以和第十部通叶。許師論韋莊秦婦吟中因卦（合口）與馬、禡合用，疑卦韵字之韵尾-i已脫落。柳永詞中以夬韵（合口）與卦韵（合口）及馬、禡通叶，蟹韵開口，（罷字雖屬開口，但爲脣口，中古脣音又開又合），與卦韵（合口）、馬、禡通叶，所以我也頗疑心夬韵-uai、蟹韵-æi猶如卦韵字在韋莊詩中與馬、禡合用，其韵尾-i亦已脫落。

㈢上去通押者

王了一先生在漢語詩律學這本書裏說：「全濁音的上聲大約在晚唐（或更早）已經混入了去聲。」在柳詞中上去通押的情形超半數，現在就這些例，來檢討王先生這句話的得失。

首先把上去通押的例裏讀上聲的韵字，分全濁聲母和非濁聲母兩類分列在下面：

1.全濁聲母

被、伴、斷、捨、下、妓。

2.非全濁聲母

起、里、膂、舉、暖

淺、惹、雅、灑、寫

冶、瀉、瓦、野、馬

者、久、首、酒、倚

關於第二類非全濁聲母的上聲字，我們沒有理由說它們變讀去聲調。關於第一類全濁聲母或可能變讀去聲調，但是沒有足夠的材料證明，所以這些全濁上聲我還是歸入上去通押的韻例中，而不歸入去聲韻例中。

【附　註】

註一　另：全宋詞卷三一至卷三三，柳永詞計有二百一十首，其中用平聲者五十六、上聲者一、去聲者三、入聲者二十五、平仄轉韻者六、平仄互叶者四、上去通押者一百一十五。

註二　清仲恒的詞韻，是以明沈謙的書做藍本。其書分平上去聲爲十四部、入聲五部、共十九部，原書用平水韻說明。

註三　全宋詞有十二時這闋詞。

四、句式

句式是一句中所應有之字數、及此若干字之分配安排，無論文詩詞曲，其所謂「句」並不表示意義之完成而係語氣之一段落，故和聲響節奏是不可分的。句式可大別爲單式句和雙式句，均以下段所含之字數爲定。單式句先抑後揚，聲情「健捷激裊」，有跳動之立體感；雙式句先揚後抑，聲情「平穩舒徐」，有舒展之平面感（註一）。故純用單式句或純用雙式句，在節奏上都顯得過於單調，缺乏變化。近體詩以五七言爲主，五言的傳統句式是上二下三，七言的傳統句式是上四下三，幾乎全爲單式句的組合。因此音樂性較小。詞曲則不然，二者形式皆爲長短句，故爲單式句與雙式句的配合，產生聲調之長短快慢，因此節奏屈伸變化，韻致諧美，音樂性極大（註二）。

詞在萌芽的時代，有不少的詞調、體裁與近體詩頗爲相近。尤其是唐、五代的小令，其字數、句法、用韻確有不少和五、七言律絕非常相近，有的甚至完全一樣。詞在句式上打破五、七言律絕的整齊格式，是把五、七言句子混合起來，變成新的格調，也是詞體脫離近體詩形式的基本變化。北宋初期，晏殊、歐陽修雖祖述南唐、五代，以令詞爲主，但在多數的單式句子裡，却又加插上一兩句雙式句，在多數的雙式句子裡，加插一兩句單式句，如此分配安排，句式就變得複雜多了。到了柳永，他是頭一個大量運用長調的詞人，故單雙式句子

的變化和配合在柳詞裡，可以說已發展到頂點。（註三）

統計樂章集中的句式：從二字句到十字句、十一句都有，其中運用最普遍的是：四字雙式句、五字單字句、六字雙式句、七字單式句、七字雙式句。更值得一提的是柳永運用了前人所未用的八字句式，八字句式中以上三下五單式句運用的最多，故蒑碧齋詞話云：「上三下五句惟屯田獨擅，繼之者美成而已。」到了柳永，句式就變得複雜多了。樂章集中長調慢詞佔了十分之八，在單雙句式的變化和配合上更見複雜與巧妙。由於這些單雙式句子的變化和配合，遂造成柳詞節奏上諧婉的效果，增長了音樂性的韻致。今舉例說明如下：

甲類：以雙式句的安排爲主的配合之作：

雙聲子

晚天蕭索，斷蓬蹤迹，乘興蘭棹東遊，三吳風景，姑蘇台榭，牢落暮靄初收，歎夫差舊國，香徑沒，徒有荒丘，繁華處，悄無覩，惟聞麋鹿呦呦。　想當年，空運籌決戰，圖王取霸無休，江山如畫，雲濤煙浪，翻輸范蠡扁舟，驗前經舊史，嗟漫載當日風流，斜陽暮草茫茫，盡成萬古遺愁。

上半闋句式：四、四、六、四、四、六、五（一、四）七（三、四）、三、三、六。

下半闋句式：三、五（一、四）、六、四、四、六、五（一、四）、七（三、四）、

六、六。

上半闋共有七句雙式句，雙式句先揚後抑，聲情「平穩舒徐」，表達出作者遊蘇州—吳王故都的感慨、及沉思低徊之情，故有上二下四「歎夫差舊國」，上三下四「香徑沒、徒有荒丘」興嘆之激動，故接着有三、三短促之節奏，直到結句「惟聞麋鹿呦呦」六言雙式—又墜入歷史興亡的沉重的浩歎中。下半闋諷刺吳王夫差之徒勞無功，故換頭便以「想當年，空運籌決戰」句式爲三、五。五言又分上一下四，這單雙式句可謂抑激動於平穩之情中，接着有「六、四、四、六」雙式句，使作者墜入歷史的反省中，也反映出作者沉重的心境，想吳王的稱王爭霸皆爲徒勞無功的「空」，故「驗前經舊史」上一下四，「嗟漫載當日風流」上三下四，流露出無奈空幻的激動，故有結句六言雙式二句「斜陽暮草茫茫」、「盡成萬古遺愁」的浩歎。本詞以雙式句爲主，把作者低徊盤旋，重墜沉悶的心境，表現得淋漓盡致，難怪鄭文焯說：「抵得無限懷古傷高之致」（註四）。

滿朝歡

花隔銅壺，露晞金掌，都門十二清曉，帝里風光爛漫，偏愛春杪，煙輕晝永，引鶯囀上林，魚遊靈沼、巷陌乍晴，香塵染惹，垂楊芳草。　因念秦樓彩鳳，楚館朝雲，往昔曾迷歌笑，別來歲久，偶憶歡盟重到，人面桃花，未知何處，但掩朱門悄悄，盡日竚立無言，贏得淒涼懷抱。

上半闋句式：四、四、六、六、四、四、五（一、四）、四、四、四、四。

下半闋句式：六、四、六、四、六、四、四、六、六、六。

本詞上半闋六句四言雙式句、二句六言雙式句，其中五言「引鶯囀上林」上一下四，巧妙的以「引」爲領調字而推瀾出「鶯囀上林，魚遊靈沼，巷陌乍晴，香塵染惹，垂楊芳草」在詞采、音韻上深動地描述出「帝里風光的瀾漫」。下半闋追述帝里往事，在句式上以「六、四」交錯而成，雙式句先揚後抑，聲情「平穩舒徐」予人舒展之感，因此全首在雙式句運用上，更見節奏在平穩中見纏綿、在舒徐中見飄灑，於此足以反映作者所處的時代的安定、所處的社會的安樂、富庶，難怪陳質齋云：「承平氣象、形容曲盡」（註五）。

乙類：以單式句的安排爲主的配合之作：

歸朝歡

別岸扁舟三兩隻，葭葦蕭蕭風淅淅，沙汀宿雁破煙飛，溪邊殘月和霜白，漸漸分曙色，路遙川遠多行役，往來人，隻輪雙槳，盡是利名客。　一望鄉關煙水隔，轉覺歸心生羽翼，愁雲恨雨兩縈牽，新春殘臘相催迫，歲華都瞬息，浪萍風梗誠何益，問歸期，玉樓深處，有個人相憶。

上下闋句式皆爲：七（四、三）、七（四、三）、七（四、三）、五（二、三）、七（四、三）、三、四、五（二、三）。

本詞上下闋均是五、七律絕的單式句，單式句先抑後揚，聲情「健捷激裊」，由於全首均是單式句，故節奏流利俊爽。上半闋以秋景爲背景，道出行役在外無奈的激裊急驟之情，可謂情景交融。下半闋道出在外「思故鄉、懷佳人」的愁思，把內心之激越於流利之節奏中一吐爲快。作者在上下闋各安排一句四言，可見作者要壓抑激越之情，更見其情深厚，讀之令人嗚咽斷腸。

塞孤

一聲雞，又報殘更歇，秣馬巾車催發，草草主人燈下別。山路險、新霜滑，瑤珂響起棲烏，金鐙冷敲殘月，漸西風緊，襟袖淒裂。　遙指白玉京，望斷黃金闕，遠道何時行徹，算得佳人凝恨切，應念念，歸時節，相見了執柔荑，幽會處偎香雪，免鴛衾，兩恁虛設。

上半闋句式：三、五（二、三）、六、七（四、三）、三、三、六（三、三）、六（三、三）、四、四。

下半闋句式：五（二、三）、五（二、三）、六、七（四、三）、三、三、六（三、三）、六（三、三）、七（三、四）

全詞以三言句式爲主，三言句式雖然有上二下一和上一下二的單雙配合，無論那種配合，其節奏都是十分短促輕靈的。本詞上半闋敍述天破曉時向主人道別：山路艱險、新霜滑溜，三言句式正可道出離別時的匆促急迫及山險霜滑之危殆，其中又以六言變格「瑤珂響、起棲烏」、「金鐙冷、敲殘月」二句於舒徐中現出急切。結句以四言，上一下三之「漸」「西風緊，襟袖淒裂」道出行役在外的淒苦。下半闋一如上半闋，其中亦運用罕見的六言變格「相見了，執柔荑」、「相會處，偎香雪」道出行役在外「念帝里」、「思佳人」之想像之辭，以三言單式句流露出殷殷之期盼，故全詞皆以流利滑暢之節奏配合「平穩舒徐」的六、四言句，以表現出作者行役在外之無依與淒苦，也時時透露出念故鄉思佳人的纏綿無奈的情懷。

探析樂章集中單雙句式的安排配合的情形，以甲類，卽雙多單少的組合情形最多；乙類，卽單多雙少組合的情形較爲罕見。由於柳永善用單雙句式的特性而造成節奏上的效果，因而增加了其詞音樂上的諧美。

另外關於句式上的，還有一種稱之爲「領調字」，「領調字」惟有長調中有之。柳永是頭一個善寫長調，而寫得又多又好的人」（註六），故對「領調字」的應用更見神韻。如：

對—瀟瀟暮雨灑江天　八聲甘州

嘆—後約丁寧竟何據　夜半樂

嘆—年來蹤跡，何事苦淹留　八聲甘州
對—滿目亂花狂絮，直恐好風光，盡隨伊歸去　晝夜樂
正—豔杏燒林，緗桃繡野，芳景如屏　木蘭花慢
漸—霜風淒緊，關河冷落，殘照當樓　八聲甘州
正—蟬吟敗葉，蛩響衰草，相應聲喧　戚氏

於此可知領調字，所領句數有一句、二句以至於四句。領調字多屬仄聲、虛字，其作用爲統攝全詞，使全詞在鋪揚上更有聳動的效果，使詞情達到高潮，因此長調的轉折搖曳、傳神達意就在借重領調字的提綴。如上所舉「八聲甘州」起句「對—瀟瀟暮雨灑江天」，用一「對」字統攝全詞，在語勢上有搖曳悠長之幽嘆，從幽嘆中吐出下一句「一番洗清秋」的秋景，予人俊爽之感。緊接着「漸—霜風淒緊」，用一「漸」字轉折語氣，但上仍扣緊「一番洗清秋」，下貫穿「關河冷落」、「殘照當樓」。可謂寓悲苦之情於風緊日斜的蒼涼景色之中。本詞由於借重領調字「對」、「漸」的提綴，情味就顯得蒼涼豪遠。難怪周濟宋四家詞選說：「柳永總以平敍見長或發端或結尾、或換頭以一、二語提綴，有千鈞之力」，此以「一、二語提綴有千鈞之力」者，卽指柳永善用「領調字」而言。

【附　註】

註一　見鄭師因百所著之「論北曲之襯字與增字」，幼獅學誌四卷一期。

註二　見鄭師因百所著之「論北曲之襯字與增字」。

註三　詳見台大博士論文，梁榮基之「詞學理論綜考」，頁八二。

註四　見鄭文焯校評樂章集，廣文書局印行。

註五　見詞話叢編卷九，詞學集成，江順詒纂輯頁七二二九。

註六　見從詩到曲，鄭師因百之「柳永、蘇軾與詞的發展。

乙、遣詞造語

詩歌這種語言藝術是透過語言的聲音和語言的意義將內在的意象表達出來。而語言的聲音本無特定意義，只是助成某一有意義的「字」、「句」。關於柳詞的「聲調格律」部份已在「格律體裁」中討論過。在本項專就意義的傳達來討論。

未討論語言意義的傳達方法前，吾人當先了解「意象」之意義。文心雕龍神思篇云：「獨造之匠，闚意象而運斤」，意象是詩人在空閒所欲描繪的意義形態，具有繪畫性的意味；它是來自詩人的經驗，經過想像力的統整後的一種「心靈圖畫」，並不是像繪畫那樣的再現，

而是瞬間的知覺與情緒之複合的表現爲一種本不相同的觀念之聯合。（註一）

詩人傳達這種內在意象時，所表現在語言上的意象構造可分作三層：卽㈠意象的直譯；㈡用譬喻來表達意象；㈢進入譬喻的世界只表述那譬喻性的意義。而這三層，恰與我國東漢以來區分詩法爲賦、比、興三個層次相當（註二），因此詩歌之遣詞造語的特色，就在於能夠涵括這三種表達方式，以它本身的涵意去創造意象。現在就從俗語、典故、古句、對偶、疊字這五方面來探討樂章集的遣詞造語。

一、俗語的應用

詩歌是一種「語言的藝術」，詩人便是駕御語言的藝術家。詞中所應用的語彙都屬「輕靈曼妙」，表現方法是隱約含蓄。而柳永的詞在語彙上却另闢谿徑運用「社會大衆口語的固定詞組—卽俗語方言」（註三），遂造成其「淺近卑俗」的風格，却易爲讀者欣賞接受，而造成其作品的普遍性、通俗性。他大胆而大量地運用俗語方言不僅影響宋代的詞人，也影響了宋金元的戲曲。現在把樂章集中所運用的方言俗語，參考張相著詩詞曲語辭滙釋加以整理安排如左：俾使欣賞柳詞的人有所幫助。

一畫

一向一晌、一霎、一餉：指示時間之辭，有指多時者；有指暫時者。

指暫時者。

「但贏得獨立高原斷魂一餉凝睇」（內家嬌）

一時，霎時義，此猶云一時出神遠望。

「青春都一餉，忍把浮名，換了淺斟低唱」（鶴冲天）

此猶云青春無幾時。

「望仙鄉一餉消凝淚沾襟袖」（笛家弄）

一時消凝淚沾襟袖

「舊歡慵省一向無心緒」（祭天神）

此猶云許久。

一種：猶云一樣或同是也。

「一種勞心力，圖利祿殆非長策」（尾犯）

言同是勞心力，然圖利祿恐不上算也。

二畫

人人　對於所暱者之稱，多指彼美而言。

「有箇人人飛燕精神」（浪淘沙令）

「淡黃衫子鬱金裙，長憶箇人人」（少年遊其五）

「有箇人人眞攀羡」（木蘭花令）

「暗想舊日牽情處綺羅叢裏有人人」（女冠子）

「處處踏青鬭草，人人晗紅偎翠」（內家嬌）

以上所引，知以情語膩語爲多。

五畫

可可　輕易之辭引伸之，則猶云小事也，容易也，尋常也，在其次也、不在意也，再引伸之，則猶云含糊也、隱約也。

「自春來慘綠愁紅，芳心是事可可」（定風波）

言凡事不在意或一切含糊過去。

生　生語助辭用於形容辭之後，有時可作「樣」字或「然」字解。

「問怎生禁得，如許無聊」（臨江仙）

此習用語，怎生猶云何以或怎樣也。

「待恁時，等着回來賀喜，好生地臢與我兒利市」（長壽樂）

好生爲滿量之辭，猶云十分，此亦習用語。

乍　猶恰也；正也。

「乍露冷風清庭戶，爽天如水玉鉤遙掛」（二郎神）

乍，正也。言正露冷風清時也。

「倚危樓佇立，乍蕭疏、晚晴初……」（木蘭花慢）

乍，猶恰也，正也。

乍　猶云初也，纔也。

「時節輕寒乍暖，天氣才晴又雨」（西平樂）

乍，猶初也。

「暮雨乍歇，小檝夜泊」（傾杯）

「小院新晴天氣輕煙乍斂，皓月當軒練淨」（傾杯）

「韶光明媚，乍晴輕暖清明後」（笛家弄）

「巷陌乍晴，香塵染惹，垂楊芳草」（滿朝歡）

「背銀缸孤館乍眠，擁重衾醉魄猶噤」（宣清）

以上五句乍皆作「初」字解。乍，作初字解者，語氣緩；作纔字解者語氣緊，且作纔字解者，往往與還、又等字相應。如：

「明月明月明月，爭奈乍圓還缺」（望漢月）

言方纔月圓，還又月缺也。

「乍出暖煙來，又趁游蜂去」（黃鶯兒）

言方纔飛出暖煙還又趁游蜂也。

六畫

伊　伊家　伊第二人稱之辭，猶云君或你與普通用如他字者異。

「算得伊家也應隨分」（慢卷紬）

「以此縈牽，等伊來，自家向道」（法曲第二）

「留取帳前燈，時時待看伊嬌面」（菊花新）

尖新　別致之義

「簌簌輕裙，妙盡尖新，曲終獨立斂香塵」（浪淘沙令）

行　用於自稱，人稱各辭之後，約相當於「我這邊」「你那邊」之這邊、那邊或我這裡、你那裡之這裡、那裡。

「若言無意向咱行，爲甚夢中頻夢見」（木蘭花）

有　心中有其人，此專用於戀愛方面，如云男有心、女有心之有，亦猶云起意或看上。

「奈你自家心下有，事難見」（秋夜月）

心下與心裡同。

「訪雨尋雲，無非是奇容豔色，就中有天眞妖麗、自然標格，惡發渰顏歡喜面」（滿江紅）

向　語助辭專用於「怎奈」、「如何」一類之語，加強其語氣而爲其語尾。

「怎向心緒，近日厭厭長似病」（過歇近）

怎向者卽爭向也，爭向者猶怎奈或奈何。

「怎生向人間好事到頭少」（法曲第二）

怎生向猶怎生

「黃金榜上，偶失龍頭望，明代暫遺賢，如何向」（鶴沖天）

如何向猶爭向。

向　猶臨也。

「向玳筵前，盡是神仙流品」（宣清）

「感情懷到此厭厭，向曉披衣坐」（祭天神）

「向深秋雨餘氣爽肅西郊」（鳳歸雲）

「可堪向晚，村落聲聲杜宇」（西平樂）

「一場寂寥無眠向曉，空有半窗殘月」（小鎮西）

以上向均作「臨」解。

早晚　猶云那得或何曾也，此殆從何日之義轉變而來。

「豔杏夭桃、垂楊芳草，各鬬雨膏烟膩，如斯佳致，早晚是讀書天氣，漸漸園林明媚，便好安排歡計，論檻買花，盈車載酒，百琲千金邀妓」（剔銀燈）

言何曾是讀書天氣，正是尋歡作樂天氣。

早，早是、早爲　猶云本是或已是也。

「早是多情多病，那堪細把舊約前歡重省」（傾杯）

「身材兒早是妖嬈，算風措，實難描」（合歡帶）

早是在下句往往有更字、又字、況字、那堪字等呼應，然上下呼應句法，有省文之例如：

「早是乍清減，別後忍教愁寂」（法曲獻仙音）

別後句省去更字。

「從前早是多成破，何況經歲月相拋彈」（鶴沖天）

次第　況狀之辭，猶云狀態也。規模或規矩也，光景或情形也，須隨文義而定之。

「旋次第，歸霜磧」（尾犯）

「見次第幾番紅翠」（玉山枕）

次第猶云光景或情景。

七畫

更　甚辭猶云絕也

「更不輕離折」（征部樂）

亦猶云絕

「更歸去，徧歷鑾坡鳳沼，此景也難忘」（如魚水）

言縱有鑾坡鳳沼之勝不能忘此景也。

「更時展丹青，強拈書信頻頻看，又爭似親相見」（鳳銜杯）

此據彊村本樂章集焦本作「縱」，汲古閣本作「總」，總猶縱也，言縱使看其畫、看其信終不如見其面也。

坐中　猶云本來或自然也。

「酒容紅嫩、歌喉清麗、百媚坐中生」（少年遊）

「坐中醉客風流慣，尊前見特地驚狂眠」（河傳）

坐中猶云本來或自然也。

利市　猶云吉利也、好運也。

「待恁時，等著囘來賀喜，好生地臏與我兒利市」（長壽樂）

那堪　猶云兼之也，與本義之解作不堪者異。

「夢覺透窗風一綫，寒燈吹息，那堪酒醒，又聞空階夜雨頻聲」（浪淘沙慢）

那更　猶云況更也、兼之也，此那字無意義與作怎字、豈字、奈字解者異。

「柔腸斷，還是黃昏，那更滿庭風雨」（祭天神）

那　猶奈也。

「悔恨無計那，迢迢良夜」（鶴冲天）

「終日厭厭，倦梳裹，無那恨薄情一去音書無箇」（定風波）

「愁無那寂寞擁重衾臥」（祭天神）

何當　猶云合當也。何合聲近，故以何當為合當。

「鸞吟鳳幃清續，管裂絃焦爭可逐？何當夜召入連昌，飛上九天歌一曲」（木蘭

花令）

忒煞　過甚也，太過。（見金元戲曲方言考）

「奈何伊，恣性靈忒煞些兒無事孜煎」（駐馬聽）

八畫

取次　猶云隨便或草草也

「取次梳妝，尋常言語，有得許多姝麗」（玉女搖仙佩）

此與尋常對舉，草草或隨便均可解。

「取次梳妝，自有天然態，愛淺畫雙蛾」（西施其一）

「取次羅列杯盤，就芳樹綠陰紅影下舞婆娑」（拋球樂）

「有箇人人可意，解嚴妝，巧笑取次言談成嬌媚」（長壽樂）

肯　猶拚也

「甚時向幽閨深處，按新詞流霞重酌，再同歡笑肯把金玉珠珍博」（尾犯）

言拚以金玉珠珍，博美人之歌酒歡會也。

放　猶使也、教也。

「桐樹花深孤鳳怨，漸遏遙天，不放行雲散」（鳳棲梧）

「前時小飲春庭院，梅放笙歌散」（御街行其二）

抵死（底死）　猶云分外也，急急也或竭力也，猶亦云終究或老是也。

「追舊事一餉憑欄久，如何媚容豔態，抵死孤歡偶」（傾杯樂）

此終究義，言終究與情人睽隔也。

「不會得都來些子事，甚恁底死難拚棄」（滿江紅）

此終究義。

幸　幸是、幸有、幸自，猶本也、正也。

「拋擲雲泉，狎頑塵土，壯節等閒消。幸有五湖烟浪，一船風月，會須歸去老漁樵」（鳳歸雲）

「此際爭可，便恁奔名競利去，九衢塵裡，不冠冒炎暑，回首江鄉，月觀風亭，水邊石上，幸有散髮披襟處」（過澗歇近）

以上兩詞幸有字皆本有義。

底　猶何也、甚也。

「遊宦區區成底事」（滿江紅）

亞　有縱橫二方面之二義。自有縱者而言猶低也、俯也。

「豔杏暖，妝臉勻開，弱柳困，宮腰低亞」（拋球樂）

此意云俯腰。

「東郊向曉星杓亞，報帝里春來也」（柳初新）

此猶云星低。

亞　自其橫者而言，猶並也、傍也、挨也。

「運巧思，穿鍼樓上女，抬粉面，雲鬟相亞」（二郎神）

相亞、相傍也，言鬟傍面也。

到頭　猶云到底也、畢竟也。

「怎生向，人間好事到頭少」（法曲第二）

「算到頭誰與伸剖」（傾杯樂）

「甚恁底死難拚棄待到頭終久問伊看如何是」（滿江紅）

和　猶連也

「夢難極，和夢也多時間隔」（傾杯樂）

的　猶準或確也；定也、究也。

「雖後約的有于飛願，奈片時難過，怎得如今便見」（安公子）

的有猶云準有或確有也。

「萬嬌千媚，的的在層波」（西施其三）

的的猶云確確。

奈　奈何猶云對付也，處分也，與通常作「無辦法」解者異。

「奈獨自慵抬眼」（鳳銜杯）

直　與就使、卽使之就字、卽字相當，假定之辭。

「對滿目亂花狂絮，直恐好風光盡隨伊歸去」（晝夜樂）

拚　拚、拚、拌、判。判，割捨之辭，亦甘願之辭，自宋以後多用拚字或拚字，而唐人則多用判字。

「似恁地深情密意如何拚」（安公子其二）

「不會得都來些子事，甚恁底死難拚棄」（滿江紅其三）

「早知恁地難拚，悔不當時留住」（晝夜樂）

九畫

看　㈠嘗試之辭，如云試試看。

「待到頭終久問伊看。如何是」（滿江看）

看承㈡猶云看待也、亦猶云特別看待也。

「自識伊來，便好看承，會得妖嬈心素」（擊梧桐）

看看㈢估量時間之辭，有轉眼義，有當前義，又由當看義轉而爲剛剛義。

。作轉眼義者

「別來光景看看經歲。昨夜裡，方把舊歡重繼」（孺人嬌）

此猶云匆匆，言轉眼已經一年了。

「惆悵舊歡何處，後約難憑，看看春又老」（留客住）

。作當前義者

「想帝里看看名園芳樹，爛漫鶯花好」（古傾杯）

「離宴殷勤，蘭舟凝滯，看看送行南浦」（傾杯）

言正當送行之際也。

便　猶雖也、縱也、就使也。

「莫道千金酬一笑，便明珠萬斛須邀」（合歡帶）

這就是明珠萬斛也不惜也，便字與莫道字相應。

「杯興方濃，莫便中輟」（應天長）

「奈片時難過，乍得如今便見」（安公子其二）

「況當年便好相攜」（合歡帶）

「我前生負你愁煩債，便若恁難開解」（迎春樂）

則箇　表示動作進行時之語助辭，近於「着」或「者」

「好天好景，未省展眉則箇」（鶴冲天）

怎向　向，語助辭，專用於「怎奈」「如何」一類之語，加強其語氣而爲其結尾。

有曰爭向者

「牽情繫恨，爭向年少偏饒」（臨江仙）

有曰怎生向

「怎生向人間好事到頭少」（法曲第二）

有曰如何向

「黃金榜上，偶失龍頭望，明代暫遺賢如何向」（鶴冲天）

「別後無非良夜永，如何向，名牽利役」（　窗聽）

凡曰如何向猶云如之何也，省言之則何向，何向猶云如何也。

省㈠猶記也、憶也

「當殘景，早是多情多病，那堪細把舊約前歡重省」（傾杯）

「念千里煙波，迢迢前約，舊歡慵省，一向無心緒」（祭天神）

「自覺當初草草，未省同衾枕」（法曲第二）

省㈡猶曾也

「便爭奈雅歌都廢省教成幾闋清歌」（玉山枕）

苦　甚辭，又猶偏也、極也；多或久也

「苦流連，鳳衾鴛枕，忍免良天」（玉蝴蝶）

苦流連，猶云極流連。

待　擬辭，猶將也、打算也。

「留取帳前燈，時時待看伊嬌面」（菊花新）

「況漸逢春色，便是有舉場消息，待這回好好憐伊」（征部樂）

「有事難見，待信眞箇恁別無縈絆」（秋夜月）

「誓言在，更莫忡忡，待作眞箇宅院，方

信有初終」（集賢賓）

「香閣深關，待伊要尤雨殢雲纏繡衾不與同歡」（錦堂春）

「若限滿鬼使來追，待倩箇掩通著到」（傳花枝）

前期　猶云預期或預約

有指已往者

「歸雲一生無蹤迹，何處是前期」（少年遊）

有指將來者

「結前期，美人才子，合是相知」（玉蝴蝶）

結前期，猶云訂預約也

「幽歡已散，前期遠，無謬賴是而今，密憑歸雁寄芳音」。（燕歸梁）

是㈠猶雖也

「中心事，多傷感，人是宿，前村館，想鴛衾，今夜共他誰暖」（滿江紅）

言人雖獨宿孤館而心中猶想念鴛衾。

是㈡該括辭，猶凡也。習見者爲是處、是人、是事、是物等語。茲分疏之：

是處㈢猶云到處或是處處

「是處紅衰翠減，冉冉物華休。惟有長江水，無語東流。」（八聲甘州）

「是處麗質盈盈，巧笑嬉嬉」（抛球樂）

「是處王孫幾多遊妓」（笛家弄）

「是處小街斜巷，爛遊花館連醉瑤卮」（玉蝴蝶其三）

是事㈣猶云事事或凡事

「墜髻慵梳，愁蛾嬾畫，心緒是事闌珊」（錦堂春）

「自春來慘綠紅愁，芳心是事可可」（定風波）

故故　猶云故意或特意也

「待伊遊冶歸來，故故解放，翠羽輕裙重繫，見纖腰圍小，信人憔悴」（望遠行）

言故意解裙重繫。

相將㈠猶云相與或相共也

「且相將共樂平生，未肯輕分連理」（尉遲杯）

「別有盈盈遊女，各委明珠，爭收翠羽相將歸」（破陣樂）

「至更闌疏狂轉甚，更相將鳳幃鴛寢」（宣清）

「未省同衾枕便輕許相將」（法曲第二）

「徧九陌，相將遊冶」（柳初新）

「風淡淡、水茫茫，動一片晴光畫舫相將」（如魚水）

相將　猶云行將也；侵尋也。

「貪看海蟾狂戲，不道九關齊閉。相將何處寄良宵，還去訪三茅。」

（巫山一段雲）

甚　猶是也、正也、眞也。詞中每用以領句與甚麼之甚作怎字，何字義者異。是字義口氣最輕，正字義口氣微重，眞字義口氣最重。

「依前過了舊約，甚當初賺我」（錦堂春）

順承上文作「是字」解。

「甚時向幽閨深處，按新詞流霞重酌，再同歡笑，肯把金玉珠珍博」（尾犯）

用以領句猶云「是時」。

「任散盡高陽，這歡娛，甚時重恁」（宣清）

猶云是時。

「甚處葦村山館寒燈畔」（陽台路）
「甚處尋常賞翠」（荔枝香）
「甚處一聲羌笛，九疑山畔才雨過」（輪台子）
甚處猶云是處。

十畫

破　猶過也。
「從前早是多成破」（鶴冲天）

家　自稱或他稱及普通人稱之語尾助辭
「自家只恁摧挫」（鶴冲天）
「恰到如今，天長漏永，無端自家疏隔」（浪淘沙慢）
「天外征鴻，知送誰家，歸信穿雲悲叫」（傾杯）
「等伊來，自家向道」（法曲第二）

根底　跟底、根、根前、跟前底。猶云面前或旁邊。
「料我兒只在枕頭根底等人睡，來夢裡」（爪茉莉）
此猶云枕頭邊。

個（箇）㈠估量某種光景之辭，等於價或家

獨自則曰獨自箇

「獨自箇千山萬水，指天涯去」（引駕行）

「及至厭厭，獨自箇，却眼穿腸斷」（安公子其二）

「獨自箇贏得不成眠成憔悴」（滿江紅其三）

得似則曰得似箇

「若諸雨夕與雲朝得似箇有囂囂」（燕歸梁）

凡眞則曰眞箇

「奈你自家心下事難見，待音信眞箇」（秋夜月）

「盟言在更莫忡忡，待作眞箇宅院，方信有初終」（集賢賓）

奈此曰奈此箇

「池上凭闌愁無侶，奈此箇單棲情緒」（甘草子）

無曰無箇

「終日厭厭倦梳裹，無那恨薄情一去音書無箇」（定風波）

箇㈡指點辭，猶這也、那也

「長憶箇人人」（少年遊）

那人人

「當初爲倚深深寵，無箇事愛嬌瞋」（少年遊）

那事

消　猶抵也；値也、配也

「且恁相偎倚，未消得憐我多才多藝」（玉女搖仙佩）

消，抵義。言看似偎倚情深，實抵不得憐我才藝之情尤深也。

「一種勞心力，圖利祿殆非長策，除是恁點檢笙歌訪尋羅綺消得」（尾犯）

言一樣是勞心力，但爲利祿而勞不値得，爲徵歌訪艷而勞，始値得也。

「衣帶漸寬終不悔，爲伊消得人憔悴」（鳳棲梧）

爲伊之故，値得憔悴也。

「玉肌瓊豔新妝飾，好壯觀歌席，潘妃寶劍，阿嬌金屋也應消得」（惜春郎）

言就使寶劍也配得也。

容易　猶云輕易也、草草也、疎忽也。

「追悔當初繡閣話別太容易」（夢還京」

容易猶云輕易或隨便也。

「恐旁人笑我，談何容易」（玉女搖仙佩）

「便千金慵覷，常祇恐容易」（迷仙引）

「細追思，恨從前容易，致得恩愛成煩惱」（法曲第二）

特地　猶云特別也，又猶云特爲或特意也。

「特地柔腸欲斷」（清平樂）

「洞房深處，特地快逢迎」（少年遊）

「坐中醉客風流慣，尊前見特地驚狂眠」（河傳）

銷黯　即黯然銷魂意，宋詞中往往約之爲銷魂亦作消魂。

「背都門動消黯」（引駕行）

「一場消黯，永日無言，却下層樓」（曲玉管）

銷凝　亦作消凝爲「銷魂凝魂」之約辭，銷魂與凝魂同爲出神之義。

「望仙鄉一餉消凝淚沾襟裹」（笛家弄）

十一畫

問　猶向也。

「有箇人人眞攀羨問著洋洋回卻面」（木蘭花令）

「待到頭終久問伊看如何是」（滿江紅其三）

畢竟　究竟也。

「起了還重睡，畢竟不成眠，一夜長如歲」（憶帝京）

「蠅頭利祿、蝸角功名，畢竟成何事」（鳳歸雲）

將息　保重身體之義。有用之於普通問候者

「記取盟言少孜煎，賸好將息」（法曲獻仙音）

得　語助辭，用於動辭之後。

「幾時得歸來，香閣深關」（錦堂春）

許㈠猶云這樣或如此也。

「每遇著飲席歌筵，人人盡道許老了」（傳花枝）

「問怎生禁得，如許無聊」（臨江仙）

許㈡估計數量之辭

「追悔當初繡閣話別太容易，日許時猶阻歸計」（夢還京）

「負佳人幾許盟言」（浪淘沙慢）

「晚歲光陰能幾許」（思歸樂）

「幾許漁人飛短艇」（滿江紅）

「夜長無味，可惜許枕前多少意，到如今兩總無終始」（滿江紅其三）

旋　猶云已而也、還又也

此與正字相應，亦爲還又義。

「秋漸老，蛩聲正苦，夜將闌，燈花旋落」（尾犯）

「冰澌微坼幾行斷鴻，旋次第歸霜磧」（尾犯）

「親持犀管旋疊香箋」（玉蝴蝶）

「厭厭夜飲平陽第，添銀燭，旋呼佳麗」（金蕉葉）

「捧心調態軍前死，羅綺旋變塵埃」（西施）

教㈠猶使也

「舉意動容皆濟楚，解教天上念奴羞，不怕掌中飛燕妒」（木蘭花）

教㈡猶給也，亦猶能也、得也

「閻羅大伯，曾教來道，人生不須煩惱」（傳花枝）

「爭似和鳴偕老，免教斂翠啼紅」（集賢賓）

免教猶云免得也。

「便認得，聽人教當」（擊梧桐）

教當猶云得當。

「最嬌痴處，尤殢檀郎，未教拆了鞦韆」（促拍滿路花）

未教猶云未能。

逡巡　迅速之義與普通遲緩解者異

「利牽名惹逡巡過」（看花回）

十二畫

喚作　想像之辭，猶當做或以爲

「當初聚散，便喚作無由逢伊面，近日來不期而會重歡宴」（秋夜月）

便喚作猶云便以爲。

無端　猶沒來由或無理由也

「問伊今後敢更無端」（錦堂春）

「無端處是繡衾鴛枕閒過消宵」（臨江仙）

「相思不得長相聚，好天良夜無端惹起千愁萬緒」（女冠子）

「蛩聲正苦，夜將闌燈花旋落，最無端處總把良宵祇恁孤眠卻」（尾犯）

須　猶應也、必也

「閻羅大伯曾教來道，人生但不須煩惱」（待花枝）

「時會高志須酬，莫閒愁，共綠蟻紅粉相尤」（如魚水）

「臨風對月事須時恁相憶」（法曲獻仙音）

「須知最有風前月下，心事始終難得」（征部樂）

幾許　估計數量之辭

「動幾許傷春懷抱」（古傾杯）

「晚歲光陰能幾許」（思歸樂）

「負佳人幾許盟言」（浪淘沙）

「正是和風麗日，幾許繁紅嫩綠，雅稱嬉遊去」（西平樂）

以上凡云幾許，猶云多少。

「追悔當初，繡閣話別太容易，日許時猶阻歸計」（夢還京）

「日許時」殆當時熟語

閒 四如閒、譬如閒。　猶云沒關係

「認得這疏狂意下，向人誚譬如閒」（錦堂春）

誚譬如閒，猶云全然若無其事，亦平常不打緊義。

都來 大都、大都來、待都來。　猶云統統也、不過也、算來也

「細屈指尋思，舊事前歡，都來未盡平生深意」（慢卷紬）

都來猶云統統。

「不會得都來些子事，甚恁底死難拚棄」（滿江紅）

都來此猶云不過。

「一箇肌膚渾如玉，更都來占了千嬌姸歌豔舞，鶯慚巧舌，柳妒纖腰」（合歡帶）

此猶云統統，言就肌膚一項而論，已有如玉之美，更加以歌舌舞腰統統都美，所謂都來占了千嬌也。

敢 猶會、肯也

「問伊今後敢更無端」（錦堂春）

等閒　猶云平常也、隨便也、無端也

「忍孤豔冶，斷不等閒輕捨，鴛衾下願常恁好天良夜」（洞仙歌）

等閒猶云隨便之意。

「王孫隨分相許，算等閒酬一笑，便千金慵覷常恐容易」（迷仙引）

「新詩小闋等閒都盡廢」（郭郎兒近）

「忍良時孤負少年等閒度，空望極回首斜陽暮」（夜半樂）

惡　甚辭

「惡發姿顏歡喜面，細追想處皆甚惜」（滿江紅）

發卽發妝之發。惡發姿顏卽濃妝之意。

十三畫

與把㈠與猶將也、把也

「展轉無眠，粲枕冰冷，香虬煙斷，是誰與把重衾整」（過澗歇近）

凡云與把猶云把也。

與㈡猶謂也、語也、請也

「知何時，卻擁秦雲態，願低幃昵枕，輕輕細說與」（浪淘沙）

與一作語、說與、說語也。

與㈢猶使也

「待恁時，等著囘來賀喜，好生地與我兒利市」（長壽樂）

當來　猶云將來也

「如花貌，當來便約永結同心偕老」（安公子）

道㈠估量之辭，猶料也、想也。

「停畫橈兩兩舟人語，道去程今夜遙指前村煙樹」（安公子）

道㈡語助辭，或用以發語或用於語中，祇以加強語氣，無意義。

「道向我，轉覺厭厭役夢勞魂苦相憶」（征部樂）

道㈢猶知也、覺也。

「儘思量休又怎生休得，誰恁多情憑向道」（滿江紅）

損　猶壞也、煞也。

「近來雲雨忽西東，誚惱損情悰」（集賢賓）

煞　甚辭，字亦作㷫、作殺

「近來憔悴人爭怪，爲別後相思煞。」（迎春樂）

會　會須、會當。猶當也、應也，有時含有將然語氣。

「幸有五湖煙浪一船風月，會須歸去老漁樵」（鳳歸雲）

此猶云應須。

解　猶會也、得也、能也。

「解敎天上念奴羞，不怕掌中飛燕妬」（木蘭花）

解敎，能敎也。

「解再三，勸人歸去」（思歸樂）

解再三，能再三也。

禁(一)猶當也、受也、耐也。

「試問伊家，阿誰心緒，禁得恁無憀」（少年遊其七）

「問怎生禁得如許無聊」（臨江仙）

義猶云如何當得、如何受得或如何耐得。

禁(二)猶勝也，勝任之勝，此與「當」義、「受」義大同而小異，當義受義之辭氣強，勝義之辭氣婉。

「持杯謝酒朋詩侶，餘酲更不禁香醑」（歸去來）

言因醉後更飲，故力不能勝也。

十四畫

麼　疑問辭

「假使重相見，還得似舊時麼」（鶴冲天）

「早知恁麼」（定風波）

誚　猶渾也、直也。

「認得這疏狂意下，向人誚譬如閒」（錦堂春）

「近來雲雨忽西東，誚惱損情悰」（集賢賓）

端的　猶云眞箇或究竟，的確或憑準也，情節或事實也、明白也。

「彩雲易散琉璃脆，驗前事端的」（秋蕊香）

「憑誰去花衢覓，細說此中端的」（征部樂）

此猶云情節或事實。

端　猶準也、眞也、究也。又猶應也、須也。

「想端憂多暇，陳王是日嫩苔生閣」（女冠子）

端憂，猶準憂、眞憂也。

聞

聞早。猶云趁早或趕早也

「不如聞早還却願，免使牽人虛魂亂」（木蘭花令）

漫　本爲漫不經意之漫，爲聊且義或胡亂義；轉變而爲徒義或空義。

「而今漸行漸遠漸覺雖悔難追，漫空消息，

終久奚爲」（駐馬聽）

「薄情漫有歸消息，鴛鴦被半香消」（少年遊）

以上漫猶云徒義或空義。

「盈盈淚眼漫向我耳邊，作萬般幽怨」（秋夜月）

漫爲聊且義。

十五畫

殢尤　茲先將殢字尤字單用者分疏之：

殢　馮浩注云：「玉篇殢，困極也，以言困酒，似近之……」殢字爲糾纏不淸之義，與泥人之泥字義同；然宋詞中單用殢字作「以輭媚之態強有所求也」。

「要索新詞，殢人含笑立尊前」（玉蝴蝶）

「蝶稀蜂散知何處，殢尊酒轉添愁緒」（歸去來）

尤　純爲戀義。相尤，猶云相娛或相戀也。

「莫閒愁，共綠蟻紅粉相尤」（如魚水），則純爲戀義，至宋詞則競用「尤殢矣」。

「最是嬌痴處，尤殢檀郎未教拆了鞦韆」（促拍滿路花）

而「殢雲尤雨或尤雲殢雨」等亦同時並起。如：

「殢雲尤雨，有萬般千種，相憐相惜」（浪淘沙）

「待伊要尤雲殢雨，纏繡衾不與同歡」（錦堂春）

由是遂爲戀暱之落套熟語，亦隨意活用之。如柳永長壽樂詞之「尤紅殢翠」，又木蘭花詞之「殢煙尤雨」，又小鎮西詞之「尤花殢雪」，以上或戀昵義或糾纏義，不一而足。而在元曲中且取其偏旁整齊而字作「⿰歹尤殢」。

斷　猶相也。

「只恁斷好，若限期滿鬼使來追」（傳花枝）

價　估量某種光景之辭，猶云這般或那般，這個樣兒或那個樣兒。

「經年價，兩成幽怨」（鳳銜杯）

暫㈠猶一也

「算何止傾國傾城，暫回眸萬人腸斷」（柳腰輕）

暫㈡猶且也

「黃金榜上，偶失龍頭望，明代暫遺賢，如何向」（鶴沖天）

十六畫

凝　爲一往情深專注不已之義，猶今所云「發痴」、「發怔」、「出神」、「失魂」也，然此乃渾言之也。若就詞章中所見之各「凝」字細析之，分述如下：

甲、凡描寫態度之辭爲一類：

「凝態掩霞襟，動象板新聲，怨思難任」（瑞鷓鴣）

在內爲情、在外爲態，凝態：一往情深之態度也。

△有曰凝噎者

「執手相看淚眼凝噎」（雨霖鈴）

凝噎，哽咽不已也，又應天長詞：「休效牛山，空對江天凝咽」，凝咽與凝噎同。

同一以凝字描寫態度，而關於企望者其辭獨多，可析出為一類。有曰凝望者：

「歸途縱凝望處，但斜陽暮靄滿平蕪」（木蘭花慢）

凝望，望之不已，猶云痴望。又如：

「想佳人妝樓凝望，誤幾回天際識歸舟」（八聲甘州）

「凝淚眼杳杳神州路，斷鴻聲遠長天夢」（夜半樂）

凝淚眼義與凝目同，猶云凝望或注目。

有曰凝睇者：

「儘凝睇，厭厭無寐，漸曉雕闌獨倚」（佳人醉）

「凝睇，消遣離愁無計，但暗金釵買醉」（望遠行）

「故人千里竟日空凝睇」（訴衷情）

凝睇義同凝目；凝目猶云凝望或注目。

乙、凡描寫情感之辭為一類：

有曰凝恨者：

「算得佳人凝恨切，應念念歸時節」（塞孤）

凝恨，恨之不已，猶之積恨也。

有曰凝愁者：

「爭知我，倚闌干處，正恁凝愁」（八聲甘州）

凝愁，愁之不已，猶云深愁也。

凝竚　凝佇、竚凝。　亦作凝佇

竚為有所企待之義，與凝字合成一辭，仍為發怔或出神之義，其解釋仍可以凝字為準，分述如下：

有為凝望義者，凡憑高倚闌有所企望者屬之。如：

「憑高盡日凝竚，贏得銷魂無語」（竹馬子）

有為凝想義者，如懷舊念遠、悠然神往，凡表示想念者屬之。如：

「遊宦在羈旅，短檣微吟，倚閒凝竚萬水千山迷遠近，想鄉關何處」（安公子）

閒凝竚猶閒凝想，玩想鄉關句之「想」字可知。

有為凝魂義者，凡感懷傷神等等，表示情感者屬之。如：

「但黯然凝竚，暮煙寒雨，望秦樓何處」（鵲橋仙）

「黯凝竚，台榭好，鶯燕語，正是和風麗日，幾許繁紅嫩綠，雅稱嬉遊去，奈阻隔尋芳伴侶」（西平樂）

此用黯然字，猶云凝魂或正銷魂也。

隨分　猶云隨便也，含有隨遇、隨處、隨意各義。

「更闌燭影花陰下，少年人往往奇遇，太平時朝野多歡，民康阜，隨分良聚，玩燭影花陰語」（迎新春）則含有隨處義。

「避炎蒸，豈須河朔，但尊前隨分，雅歌豔舞盡成歡樂」（女冠子）有隨意義。

「算得伊家也應隨分，煩惱心兒裏，又爭似從前，淡淡相看，免恁牽繫」（慢卷紬）有隨遇義。

「席上尊前，王孫隨分相許」（迷仙引）有隨處、隨意義。

憑　猶仗也，亦猶煩也、請也。憑與仗聯綴而為一辭。憑與仗同。

「憑仗如花女，持杯謝酒朋詩侶」（歸去來）

憑與仗聯綴而為一辭。憑與仗同。

「為憶芳容別後，水遙山遠，何計憑鱗翼」（傾杯樂）

意云仗魚雁通信也。

「雅歡幽會，良辰可惜虛拋擲，憑誰去花衢覓，細說此中端的」（征部樂）仗義也。

噤　寒噤義也

「背銀釭，孤館乍眠，擁重衾，醉魄猶噤」（宣淸）

賺　誑騙也

「依前過了舊約，甚當初賺我」（錦堂春）

十七畫

賸　甚辭，猶眞也、儘也、頗也、多也。字亦作剩。

「追歡買笑，賸活取百十年」（傳花枝）

「少孜煎賸好將息」（法曲獻仙音）

「塵勞無暫歇，遇良會賸偸歡悅」（應天長）

「待恁時等着囘來賀喜，好生地賸與我兒利市」（長壽樂）猶多與。

總　猶縱也、雖也

「總時展丹靑，強拈書信頻頻看，又爭似親相見」（鳳銜盃）此據汲古閣本樂章集焦本作「縱」彊村本作更猶縱也。

薄倖　猶云薄情也，薄倖與多情作對。知薄倖卽薄情也。倖卽恩倖之倖，意云無恩情也。

「歸期未定算心裏卻寃成薄倖」（紅窗聽）

十八畫

鎭　猶常也；長也、儘也。

「情知道世上難使皓月長圓，彩雲鎭聚」（傾杯）

鎭聚，言長聚也。

「鎭相隨，莫拋躲」（定風波）言常相隨。

「臨風想佳麗，別後愁顏鎭斂眉峯」（雪梅香）

鎭斂眉峯，言常斂眉峯。

「慣憐惜，饒心性，鎭厭厭多病」（法曲獻仙音）

鎭厭厭，言長久也。

舊家　猶云從前。爲估量之辭，與作世家解之舊家異。

「想得別來，舊家模樣，只是翠蛾顰」（少年遊）

「夜來魂夢裡，尤花殢雪　，分明似舊家時節」（小鎭西）

十九畫

瀟灑　淒清或淒涼之義，與灑脫或灑落之義別。

「豔陽天，正明媚卻成瀟灑」（甘州令）

二十一畫

驅驅　（區區）辛苦之義

「遊宦區區成底事，平生況有雲泉約」（滿江紅）

「念蕩子終日驅驅，爭覺鄉關轉迢遞」（定風波）

「冒征塵，匹馬驅驅」（陽台路）

「芳草青如染，驅驅攜書劍」（安公子）

「驅驅行役，苒苒光陰」（鳳歸雲）

「匹馬驅驅搖征轡」（滿江紅）

饒㈠猶讓也

「聚宴處，落帽風流未饒前哲」（應天長）

「蕭條牽情繫恨，爭向年少偏饒」（臨江仙）

饒㈡嬌饒、妖饒。饒猶嬌也、妖也、佳美之義。

「慣憐惜，饒心性，鎮厭厭多疾，柳腰花態嬌無力」（法曲獻仙音）

饒心性猶美性情。

饒㈢猶添也、連也、不足而求增益也，即今所云討饒頭之饒。

「當上苑柳濃時，別館花深處，此際海燕偏饒，都把韶光與」（黃鶯兒）

言海燕偏饒得韶光也。

饒㈣猶恕也、憐也

「風亭月榭閒相倚，紫玉枝梢紅蠟，蒂假饒花落未消愁」（木蘭花杏花）

饒花落，憐花落也。

「殢烟尤雨索春饒，一日三眠誇得意」（木蘭花柳）

饒，猶憐也，索春饒，索春憐。

從以上考析，可知柳永運用俗語的自然與通俗，難怪他的作品能深入民間，受百姓的歡迎。

【附　註】

註一　參考王夢鷗之文學概論頁二一。帕米爾書店出版。姚一葦之李商隱詩中的視覺意象，幼獅文藝二〇九期頁三一。王夢鷗、許國衡合譯之文學概論頁三〇四，志文出版社。

註二　見王夢鷗文學概論頁一一三，帕米爾書店出版。
註三　見黃慶萱著「修辭學」上篇表意方法的調整第七章飛白，三民書局出版。

二、典故的應用

用典是中國詩歌的特質之一。因爲詩詞如精金美玉，要求以最精約的文字，表達深刻、豐富的情景，也就是寄直敍於蘊蓄之中、化千言於片詞之內，而典故本身就是在片言隻字的背後蘊含豐富的思想和意義，因此用典適足助成婉麗典雅的風貌，而用典可以避免直接的表現，便於比喻、暗示、象徵，以達到抒發情感的目的與效果。至於用典技巧貴在自然，就是把典故融入詩詞之中能夠切情達意，不露斧鑿之跡、不犯堆砌之病。

柳永的詞以淺俗爲特色，因此其詞用典也在以片言隻字的典故來比喻、象徵、暗示以達到抒情達意的目的。柳詞用典實已達到張炎詞源所云：「詞用事最難，要體認著題，融化不澀」的要求。現舉例如下：

「一笑一傾城」（少年遊）

「爭如歸去傾城」（引駕行）

「算何止，傾國傾城」（柳腰輕）

「傾城、盡尋勝去」（木蘭花慢）

「傾城巧笑如花面」（洞仙歌）

此五處都用李夫人事，漢書外戚傳：「孝武李夫人，本以倡進。初，夫人兄延年性知音、善歌舞，武帝愛之。每爲新聲變曲，聞者莫不感動。延年侍上起舞，歌曰：『北方有佳人，絕世而獨立，一顧傾人城，再顧傾人國，寧不知傾城與傾國，佳人難再得。』上嘆息曰：「善、世豈有此人乎！」平陽公主因言延年有女弟，上乃召見之，實妙麗善舞，由是得幸」。

又如：

「對佳麗，信金罍罄竭玉山傾」（木蘭花慢）

「酩酊誰家年少，信玉山倒」（小鎮西犯）

「坐上少年聽不慣。玉山未倒腸先斷」（鳳棲梧）

此三處之「玉山」都用嵇叔夜之事。世說新語容止篇云：「山公曰：『嵇叔夜之爲人也，巖之若孤松之獨立，其醉也，傀俄，若玉山之將崩』，此處以玉山喻醉倒。

又如：

「當時宋玉悲感，向此臨水與登山」（戚氏）

「晚景蕭疏，堪動宋玉悲涼」（玉蝴蝶）

「見說蘭台宋玉，多才多藝善詞賦」（擊梧桐）

「動悲秋情緒，當時宋玉應同」（雪梅香）

除了擊梧桐一闋自比才子宋玉外，其餘三處都用宋玉九辯事，以「窮苦文人在秋風的寒冷饑餓中的哀怨」（註一）自況。

又如：

「高陽儔侶」（思歸樂）

「任散盡高陽」（宣清）

「楚峽雲歸高陽人散」（傾杯）

「歸雲一去無蹤跡，酒徒蕭索」（少年遊）

「奈歸雲誰寄」（卜算子）

係分用以下二事：宋玉高唐賦：「昔者先王嘗遊高唐，怠而晝寢，夢見一婦人曰：『妾巫山之女也，爲高唐之客，聞君遊高唐，願薦枕席』王因幸之。去而辭曰：『妾在巫山之陽，高丘之阻，旦爲朝雲，暮爲行雨』」，後言男女幽會者多借此典。史記朱建傳：「漢酈食其以儒冠見沛公劉邦，劉邦以其爲儒生，不見，食其按劍大呼：『我非儒生，乃高陽酒徒也』，劉邦因見之。」

又如：

「已是斷絃尤續，覆水難收」（八六子）

係分用以下二典：漢武外傳：「西海獻鸞膠，帝弦斷，以膠續弦兩端，遂相著，終日射之不斷。」拾遺記：「太公望初娶馬氏，讀書不事產，馬求去。太公封齊，馬求再合，太公取水一盆，傾於地，令婦收之，惟得其泥；太公曰：『能離更合，覆水難收』」。

又如：

「韓娥價減，飛燕聲消」（合歡帶）

卽分用以下二典：列子湯問：「昔韓娥東之齊，匱糧，過雍門，鬻歌假食；旣去，而餘音繞梁欐，三日不絕。」（註韓娥，韓國善歌者也）。漢書外戚傳：「孝成趙皇后，本長安宮人。……及壯，屬陽阿主家，學歌舞，號曰飛燕。成帝嘗微行出過陽阿主作樂。上見飛燕而說之，召入宮，大幸。有女弟復召入，俱為倢伃，貴傾後宮」。

又如：

「潘妃寶釧，阿嬌金屋」（惜春郎）

卽用以下二典：寶釧典出南齊書㈦東昏侯傳：「潘氏服御極選珍寶，主衣庫舊物不復周。用貴市民間金銀寶物，價皆數倍，虎魄釧一隻，直百七十萬。京邑酒租，皆折使輸金，以為金塗，猶不能足。」金屋典出漢武故事：「帝爲膠東王，年數歲，長公主問曰：『兒欲得婦否？』指其女阿嬌好否？笑對曰：『好。若得阿嬌，當作金屋貯之。』」

又如：

「算孟光，爭得知我，繼日添憔悴」（定風波）

郎用後漢書逸民列傳梁鴻，孟光典：「同縣孟氏有女，壯肥醜而黑，力擧石臼，擇對不嫁，至年三十。父母問其故，女曰：『欲得賢如梁伯鸞者』鴻聞而娉之。……字之曰德曜，（名）孟光。」

又如：

「念擲果朋儕，絕纓宴會」（宣淸）

「擲果風標」（合歡帶）

「香徑裡，絕纓擲果無數」（迎新春）

係分用潘岳與楚莊王事。晉書潘岳傳：「岳美姿儀，少時常挾彈出洛陽道，婦人遇之者，皆連手縈繞，投之以果，遂滿載以歸。」韓詩外傳：「楚莊王賜其群臣酒，日暮酒酣，左右皆醉，殿上燭滅，有牽王后衣者，后扢冠纓而絕之，言於王曰：『今燭滅，有牽妾衣者，妾扢其纓而絕之，願趣火視絕纓者。』王曰：『止』。立出令曰：『與寡人飲，不絕纓者不爲樂也』。於是冠纓無完者，不知王后所絕冠纓者誰，於是王遂與群臣歡飲乃罷。」

又如：

「西風吹帽，東籬攜酒」（玉蝴蝶）

「落帽風流，未饒前哲」（應天長）

前者係用晉書孟嘉傳典：「嘉爲桓溫參軍，九月九日溫遊龍山，僚佐畢集，佐吏並著戎服，有風至，吹嘉帽墮落，嘉不之覺，溫命孫盛作文嘲嘉，嘉亦爲答，其文甚美。」東籬攜酒用陶淵明「采菊東籬下」事。

又如：

「壽陽妝罷無端飲，凌晨酒入香腮」（瑞鷓鴣）

卽用壽陽公主事，翰苑新書：「南朝宋武帝女，人日臥含章殿簷下，梅花飄著其額，成五出之花，因仿之爲梅花妝。」

又如：

「檀郎幸有，凌雲詞賦」（合歡帶）

係用臆乘：「古之以郎稱者，潘岳曰潘郎、檀郎，又以奴得名者，潘岳曰檀奴」事。

從以上柳詞所用之典，可得知兩點消息，其一：柳詞所用之典皆爲盡人皆知的通俗典故，無僻典。其二：柳氏用典皆能融化無痕，切合本詞之意，實不愧爲詞中高手。

【附　註】

註一　見劉大杰「中國文學發達史」，中華書局印行。

三、古句的應用

融鑄前人詩詞文史之作，爲用字造句推陳出新之法，野老紀聞載黃山谷語：「詩意無窮、人才有限，以有限之才，追無窮之意，雖淵明、少陵不能盡也。然不易其意，而造其語，謂之換骨法，規模其意而形容，謂之脫胎法」，詞苑叢談引賀黃公詞：「詞家多翻詩意入詞，雖名流不免」。宋詞卽多用此法以點染古人陳句。耆卿詞雖多爲白描文字、通俗文句，但仍可發現不少融鑄點化之痕。今敍述如下：

「今宵酒醒何處，楊柳岸，曉風殘月。」（雨霖鈴）

據兪彥園詞話云：「祖魏承班漁歌子『窗外曉鶯殘月』第改二字增一字耳」，又據鄭師因百詞選謂：「飛卿更漏子『簾外曉鶯殘月』耆卿添換兩三字」，意境完全不同。」故吳衡照蓮子居詞話卷一云：「詞有襲前人語而得名者，雖大家不免，如耆卿『楊柳岸曉風殘月』

等句，惟善於調度，正不以有藍本爲嫌」，由於柳永善於點染古人陳句，而使雨霖鈴一詞成爲絕響。

又如：

「是處紅衰翠減，苒苒物華休」（八聲甘州）

係融化李義山贈荷花：「此花此葉常相映，翠減紅衰愁殺人」之句。

又如：

「千里火雲燒空」（過澗歇近）

係融化李義山送崔珏往西川：「千里火雲燒益州」句。

又如：

「昭華夜醮連清曙，九枝擎燭燦繁星」（玉樓春）

前一句係融化李義山漢宮：「通靈夜醮達清晨」詩句，後一句化自李義山行至金牛驛寄興元渤海尚書」：「九枝燈擎夜珠圖」詩句。

又如：

「暖律潛催，幽谷暄和，黃鸝翩翩，乍遷芳樹」（黃鶯兒）

係由詩經小雅伐木：「伐木丁丁，馬鳴嚶嚶，出自幽谷，遷于喬木」數句點化出。

又如：

「悲莫悲於輕別」（傾杯）（離宴殷勤）

係融化自屈原九歌大司令：「悲莫悲兮生別離，樂莫樂兮新相知」句。

又如：

「對酒當歌」（鳳棲梧）

「念對酒當歌」（木蘭花慢）

均套用曹操短歌行首句：「對酒當歌」

又如：

「衣帶漸寬終不悔」（鳳棲梧）

係融化古詩十九首：「相去日已遠，衣帶日以緩」

又如：「太液波翻，披香簾捲」（醉蓬萊）

吳曾能改齋漫錄云：「余讀上官儀初春詩：『步輦出披香，清歌臨太液』乃知上官儀已嘗對之，豈始耆卿耶。」

又如：

「漸亭皋葉下，隴首雲飛」（醉蓬萊）

曾季貍艇齋詩話云：「柳三變詞『漸亭皋葉下，隴首雲飛』全用柳惲詩也。柳惲詩云：『亭皋木葉下，隴首秋之飛。』」

又如：

「又聞空階，夜雨頻滴」（浪淘沙慢）

芥隱筆記云：「陰鏗有『夜雨滴空階』柳耆卿用其語，人但知爲柳詞耳。」

又如：

「擬把名花比，恐旁人笑我，談何容易」（玉女搖仙佩）

沈謙填詞雜說云：「雲想衣裳花想容」此是太白佳境，柳屯田：「擬把名花比，恐旁人笑我，談何容易」，大畏唐突，尤見溫存，又可悟翻舊爲新之法。

又如：

「淚流瓊臉，梨花一枝春帶雨」（傾杯）（離宴殷勤）

係套用白居易長恨歌：「玉容寂寞淚闌干，梨花一枝春帶雨」詩句。

又如：

「鈿合金釵私語處」（二郎神）

係融化白居易長恨歌：「鈿合金釵寄將去」與「夜半無人私語時」兩句而成。

又如：

「願天上人間，占得歡娛，年年今夜」（二郎神）

係脫胎自白居易長恨歌：「天上人間會相見」句。

又如：

「想嬌魂媚魄非遠，縱洪都方士也難尋」（離別難）

係點化白居易長恨歌：「悠悠生死別經年，魂魄不曾來入夢。臨邛道士鴻都客，能以精誠致魂魄」數句而成。

又如：

「憑高念遠，素景楚天」（臨江仙引—渡口向晚）

據鄭文焯校評樂章集云：「素景見謝朓『和王著作八公山』詩：『戎州昔亂華，素景論伊穀』」。

又如：

「誤幾回，天際識歸舟」（八聲甘州）

「指暮天，空識歸航」（玉蝴蝶）

係融合謝朓「之宣城郡出新林浦向板橋詩句：「天際識歸舟，雲中辨江樹」與溫庭筠望江南詞句「過盡千帆皆不是」。

又如：

「別來也擬不思量，爭奈餘香猶未歇」（玉樓春─閬風歧路）

係融化李義山正月崇讓宅：「背燈獨共餘香語，不覺猶歌夜起來」詩句。

又如：

「對殘暉，登臨休嘆，賞令節，酩酊方酬」（玉蝴蝶─淡蕩素商）

係融化自杜牧九日齊安（一作山）登高「但將酩酊酬佳節。不用登臨歎落暉。」

又如：

「亂飄僧舍，密灑歌樓，迤邐漸迷鴛瓦。好是漁人，披得一簑歸去，江上晚來堪畫」

（望遠行─長空降瑞）

係出自鄭谷雪中偶題：「亂飄僧舍茶煙濕，密灑歌樓酒力微。江上晚來堪畫處。漁人披得一簑歸」。

又如：

「滿長安，高却旗亭酒價」（望遠行）

係融化自鄭谷輦下冬暮詠懷：「雪滿長安酒價高」。

以上諸例，可知柳永點染與套用的靈活。鄭文焯校樂章集云：「耆卿取字不僅在溫李詩中，蓋熟於六朝文，故語多豔冶，無一字無來處」誠為的論。

四、對偶的應用

詞中的對偶，雖不如律詩之謹嚴，然亦須當對而對，也須字字的確、斤兩相稱，才能稱妥（註一）。沈雄古今詞話：「對句易於言景，難於言情，且開放則中多迂濫，收整則結無意緒，對句要非死句也。」可見詞中的對偶，雖不如律詩謹嚴，但要應用佳妙靈活實在不易。樂章集中能靈活地應用三字、四字、五字、六字與七字對偶。茲擇述如下：

㈠三字對偶

言景者

「海霞紅，山煙翠」（早梅芳）

「臺榭好，鶯燕語」（鳳銜盃其二）

「風淡淡，水茫茫」（如魚水其一）

「波似染，山如削」（滿江紅其一）

「凍雲深，淑氣淺」（甘州令）

言情者

「暖酥消，膩雲嚲」（定風波）
「情脈脈，意忡忡」（瑞鷓鴣）
「人悄悄，夜沉沉」（離別難）
「年漸晚，鴈空頻」（訴衷情）
「錦囊收，犀軸卷」（鳳銜盃其一）

(二)四字對偶

言景者

「芰荷浦溆，楊柳汀洲」（早梅芳）
「檻菊蕭疏，井梧零亂」（戚氏）
「皓月長圓，彩雲鎮聚」（傾杯）
「銀塘似染，金堤如繡」（笛家弄）
「江楓漸老，汀蕙半凋」（卜算子）

言情者

「泛泛旅迹，厭厭病緒」（定風波）
「兩處風情，萬重煙水」（卜算子）

「麗質盈盈，巧笑嬉嬉」（抛球樂）
「愁蛾黛蹙，嬌波刀剪」（河傳其一）
「遠信沉沉，離魂杳杳」（留客住）

上列四字對，在柳詞中運用最多，除言情、言景外，還有敍事者，如：

「夢得文章，樂天惠愛」（木蘭花慢其三）
「東南形勝，江吳都會」（望海潮）
「三吳風景，姑蘇台榭」（雙聲子）
「擲果朋儕，絕纓宴會」（宣　清）
「韓娥價減，飛燕聲消」（合歡帶）

柳永運用的極其自然，在整個樂章集中所佔之比率甚多。

㈢五字對偶

柳永運用五字對偶來敍事、寫人物。然爲數不多。如：

「香靨融春雪，翠鬢嚲秋煙」（促拍滿路花）
「蕭氏賢夫婦，茅家好弟兄」（巫山一段雲）
「琪樹羅三殿，金龍抱九關」（巫山一段雲其二）

「清旦朝金母，斜陽醉玉龜」（巫山一段雲其三）

「繫我一生心，負你千行淚」（憶帝京）

㈣六字對偶

柳永運用六字對偶言景、敍事，然爲數亦不多。如：

「池塘淺蘸煙蕪，簾幕閒垂風絮」（鬬百花其二）

「榆錢飄滿閒階，蓮葉嫩生翠沼」（訴衷情近）

「澄明遠水生光，重疊暮山聳翠」（訴衷情近）

「中心事，多傷感；人是宿，前村館」（滿江紅其四）

「瑤珂響，起棲烏；金鐙冷，敲殘月」（塞　孤）

「相見了，執柔荑；幽會處，偎香雪」（塞　孤）

㈤七字對偶

言景者

「漁市孤煙裊寒碧，水村殘葉舞愁紅」（雪梅香）

「沙汀宿雁破煙飛，溪橋殘月和霜白」（歸朝歡）

「銀塘靜魚鱗簟展，煙岫翠龜甲屏開」（玉蝴蝶其二）

「長川靜征帆夜落，臨島嶼蓼煙疏淡」（滿江紅其 ）

「水風輕蘋花漸老，月露冷梧葉飄黃」（如魚水其 ）

七言對偶最能描述出疏雅的景緻。同樣也能言情敘事。如：

「雅態姸姿正歡洽，落花流水忽西東」（雪梅香）．

「最愛學宮體梳妝，偏能做文人談笑」（兩同心其一）

「愁雲恨雨兩牽縈，新春殘臘相催逼」（歸朝歡）

「背銀釭孤館乍眠，擁重衾醉魄猶噤」（宣 清）

「按新聲珠喉漸穩，想舊意波臉增姸」（玉蝴蝶其四）

柳詞還有爲數頗多的句內對，卽一句之中自相爲對。如：

「名韁利鎖」（夏雲峯）

「水遙山遠」（傾 杯）

「朝思暮想」（傾杯樂）

「百態千嬌」（小鎮西）

「寸珠片玉」（拋球樂）

「萬水千山迷遠近」（安公子）

「簾下清歌簾外宴」（鳳棲梧）
「相思不得長相聚」（女冠子）
「葭葦蕭蕭風淅淅」（歸朝歡）
「縱得心同寢未同」（鷓鴣天）

由上所述，可見柳詞琢磨工夫之深。在所有對偶中尤以四字對偶、七字對偶運用的最多，言情寫景、敍事狀人極其盡性而自然。李東琪云：「長調對仗處必須十分警策，方能動人。」善於長調的柳永，其羈旅之作之所以動人，難道與對偶之警策無關嗎？

【附 註】

註一 見任中敏作詞十法疏證。

五、疊字的應用

疊字是利用字形相同，組合而成的衍聲複詞。因爲它是單音節的延續，所以它的聲音長度，比起兩個異字所構成的複詞要來得短暫；它的節奏感就顯得快速（註一）因而增加文辭聲律的美聽。研讀樂章集發現作者柳永特別愛用疊字，平均每一首用一組以上的疊字（註二）。

其中以狀聲與狀形二類爲多，今擇述如左：

(甲)狀聲者：屬聽覺的複詞，朱駿聲說文通訓定聲云：「誼不在形而在音，音肖則形可以不論」。

「颯颯霜飄鴛瓦」（鬪百花）

「幽蛩切切秋吟苦」（女冠子）

「葭葦蕭蕭風淅淅」（歸朝歡）

「惟聞麋鹿呦呦」（雙聲子）

「簌簌輕裙，妙盡尖新」（荔枝香）

「嬉嬉釣叟蓮娃」（望海潮）

「蛩響衰草，相應喧喧」（戚氏）

「軋軋開千戶」（采蓮令）

「村落聲聲杜宇」（西平樂）

「憶繡衾相向輕輕語」（祭天神）

作者利用快速的節奏，透過聽覺上音響的效果，引起讀者的聯想力。

(乙)狀形者：此類屬於視覺和觸覺、感覺的複詞。以此來委婉的表達事物的情狀。

「洞房悄悄，繡被重重」（洞仙歌）
「忍凝眸，杳杳神京，盈盈仙子」（曲玉管）
「至今無限盈盈盡來拾」（瑞鷓鴣其一）
「終日厭厭倦梳裹」（定風波）
「迢迢匹馬東去」（鵲橋仙）
「泛畫鷁翩翩南浦」（夜半樂）
「浪浸斜陽，千里溶溶」（雪梅香）
「淑景遲遲難度」（鬬百花其二）
「遠恨緜緜」（鬬百花其三）
「斷鴻無憑冉冉飛下汀洲」（曲玉管）
「芳樹外閃閃酒旗遙擧」（洞仙歌）

以上狀形的疊字，樂章集中有名詞如英英，有形容詞如盈盈、悄悄，有限制詞，如漸漸、六六，其中以形容詞所佔比例最多。柳永運用屬於聽覺、觸覺、視覺等疊字來表達內心的感情，使讀者從中去體會作者的感受，而達到他打動聽者或讀者心靈的目的。如擊梧桐：

「香靨深深，姿姿媚媚，雅格奇容天與，自識伊來，便好看承，會得妖嬈心素，臨歧再約同歡，定是都把平生相許，又恩情易破難成，未免千般思慮。　近日書來寒暄而已，若沒忉忉言語，便認得聽人教當，擬把前言輕負，見說蘭台宋玉多才多藝善詞賦，試與問朝朝暮暮行雲何處去」。

本詞以通俗口語寫出男女之間微妙的感情。　上半闋作者一開始便以「深深」疊字來描述出女主角香靨的深美，接着又運用「姿姿」「媚媚」兩疊字刻劃出女主角的迷人與動人，所以下面才道出「雅格奇容天與」，這樣媚艷動人的女性怎不叫異性顛倒。於此可知柳詞中運用疊字產生節奏上的美聽，同時透過此音響效果引起讀者或聽者在視覺上、觸覺上、感覺上的感動。下半闋寫出男方見到彼此的關係有了變化，他說：「苦沒忉忉言語」用「忉忉」複詞，不僅在字義上可見愛戀憂勞，更可從其快速的節奏中透露他心中的焦急。這種愛戀焦急的感情，只有靠多才的宋玉修書才能問出她在何處？所以他說：「試與問朝朝暮暮，行雲何處去」，朝朝暮暮卽朝暮的重言，以此重言委婉地表達出男主角內心的情狀。又如，鳳歸雲「向深秋，雨餘爽氣肅西郊，陌上夜闌，襟袖起涼飆，天末殘星，流電未滅，閃閃隔林梢，又是曉雞聲斷，陽烏光動，漸分山路迢迢。　驅驅行役，苒苒光陰，蠅頭利祿，蝸角功名，畢竟成何事，漫相高拋擲雲泉，狎玩塵土，壯節等閒消，幸有五湖煙浪，一船風月，會須歸去老漁樵」。

本詞描述作者於秋季行役在外的心境。上闋描寫行役在外的景色：「天末殘星，流電未滅」，作者接着用「閃閃」疊字，寫出隔林梢、流電快速而過，在聽覺上、視覺上予人震撼之感。下半闋作者巧妙地運用疊字「驅驅行役，苒苒光陰」鑄造對句增加聲調之鏗鏘，也道出作者行役的悲苦，驚嘆光陰的快速，亦省悟到人生的無常便有歸隱的心願。

從以上兩闋詞中我們可以看出柳永善用疊字增益詞的聲情，更利用疊字鑄造對句以增益詞律的美聽。不過由於柳永過多的使用疊字，又重複運用同樣的疊字，如「悄悄」、「盈盈」、「茫茫」、「人人」等，使聽者或讀者有一種固定枯燥的感覺，因此使人官能怠倦，失去聯想力（註三）。更因詞是精金美玉的文體，篇幅原本就不大。故柳永一再地以同樣的語彙構造相似的句法，表達雷同的意思，不免使人感覺樂章集辭藻之缺乏變化，因而大減其色。

【附　註】

註一　見曾永義影響詩詞曲節奏的要素。
註二　見廖爲祥樂章集析論第四章技巧賞析(丙)用字造語四、喜用疊字。
註三　見黃慶萱修辭學下篇優美形式設計第三十二章類疊。

第二節　內容方面

上節探析了樂章集的形式，可知作者柳永才華之橫溢，由於他的大膽嚐試與創新，遂革新了詞的生命。今再由內容方面探討之；樂章集的內容，胡仔苕溪漁隱詞話引藝苑雌黃語說：「大概非羈旅窮愁之詞，則閨門淫媟之語」，胡氏之語，實未能道盡柳詞內容上的特色。柳永在大量運用長調與鋪述的手法之後，在題材內容上實已超越晚唐、五代之詞。本節試將其內容，詳加類別予以論析，藉以了解柳詞的眞正面目。

甲、冶遊縱樂

劉廷楨雙硯齋詞話：「樂章集中冶遊之作居其半，率皆輕浮猥媟。」（註一）這些「居其半」之作仍爲柳永個人浮生浪蕩的紀錄，而這類詞往往與青樓女子相糾轕。柳永何以喜歡冶遊縱樂？試探其因有二，一爲時代的影響，一爲柳永本人的個性。現分述如左：

一、時代的影響

北宋自開基至仁宗朝，天下休養生息，中原一片承平，無兵燹亂離之禍，社會上一切皆太平穩定，工商業因之發達，社會經濟繁榮。故上自君主士大夫，下至平民皆追求享樂狂歡的生活，歡樂場合遂應運而生，娼樓妓院處處林立。因此冶遊之風自然盛行，雖然朝廷對於官吏冶遊禁令甚嚴，但官吏冶遊之風依然很盛，形形色色不勝枚舉。（註二）如：

「晏丞相殊知南京，王琪張元爲幕客，泛舟湖中以諸妓隨。晏公把舵，王、張執篙。琪是南人，知行舟次第，至橋下故使船觸柱而橫，厲聲曰：『晏稍使航不正也』」（孔平仲說苑）

「歐陽永叔任河南推官，親一妓。時錢文嬉公爲西京留守，梅聖俞、尹師魯同在幕下，一日宴於後園，客集，而歐與妓俱不至。移時方來，錢責曰：『未至何也？』妓云：『中暑往涼堂睡，失金釵，猶未見。』錢曰：『得歐陽推官一詞，當爲償汝』歐卽席賦就，衆皆擊節。妓滿酌送歐。錢令償以公庫錢」（詞苑叢談）

晏殊偕幕僚挾妓遊湖，歐陽修爲妓作詞以解其圍，兩例正反映了宋初官吏好冶遊之事實。況生長在汴京的柳永留連秦樓楚館，混跡歡場，亦爲極自然之事。樂章集中冶遊之作約有抛毬樂等八十五首以上，佔全集之半，今舉數例如下：

抛毬樂

曉來天氣濃淡，微雨輕瀟，近清明，風絮巷陌，煙草池塘，盡堪圖畫，豔杏暖，妝臉勻開，弱柳困，宮腰低亞。是處麗質盈盈，巧笑嬉嬉，手簇鞦韆架，戲綵毬羅綬，金雞芥羽，少年馳騁，芳郊綠野，占斷五陵遊，奏脆管繁弦聲和雅。向名園深處，爭柅畫輪，競羈寶馬，取次羅列杯盤，就芳樹，綠陰紅影下，舞婆娑，歌宛轉，彷彿鶯嬌燕姹，寸珠片玉爭似此濃歡無價。任他美酒，十千一斗，飲竭仍解金貂貰。恣幕天席地，陶陶盡醉太平，且樂唐虞景化，須信豔陽天，看未足，已覺鶯花謝，對綠蟻翠蛾怎忍輕捨。

本詞可說是柳永少年時期的生活寫照，詞中寫出「陶陶盡醉太平，且樂唐虞景化」的時代，不妨整日縱情美酒之中。

玉蝴蝶

是處小街斜巷，爛遊花館，連醉瑤卮，選得芳容端麗，冠豔吳姬。絳唇輕笑，歌盡雅，蓮步穩，舉措皆奇。出屏幃，倚風情態，約素腰肢。當時綺羅叢裡，知名雖久，識面何遲，見了千花萬柳比竝不如伊。未同歡，寸心暗許，欲話別，纖手重攜結前期美人才子，合是相知。

本詞上半闋敘述歡場中美人之風姿。下半闋敘述在歡場中知名雖久，卻遲見佳人。

金蕉葉

厭厭夜飲平陽第，添銀燭旋呼佳麗，巧笑難禁，艷歌無閒聲相繼。準擬幕天席地。

金蕉葉泛金波齊，未更闌已盡狂醉，就中有箇風流暗向燈火底，惱徧兩行珠翠。

本詞描述夜飲「平陽第」的放浪形骸之狀。

少年遊

鈴齋無訟宴遊頻，羅綺簇簪紳。施朱傅粉，豐肌淸骨，容態盡天眞。　舞裀歌扇花光裡，翻回雪。綺席闌珊，鳳燈明滅，誰是意中人。

本詞開始便說：「鈴齋無訟」，於是乘公餘之興冶遊尋樂一番。

樂章集中冶遊之作，有的是柳永少年冶遊之作，有的是遊宦宴飲之作，此皆可證明冶遊仍當時君主士大夫乃至平民追求享樂的方法之一，亦是文人騷客之風雅韻事。

除了政治安定、經濟繁榮促成冶遊之風盛行外，又「男尊女卑」的觀念也是促成冶遊、蓄妾風氣的主因，因爲漢代以後「男尊女卑」的觀念愈來愈重，禮教愈來愈嚴格，且宋以來中國社會被形式主義的貞節觀念所影響，中國女性沒有戀愛的自由，即使表露正常和天倫的夫婦愛也被制止，惟有這樣才算是美德。另一方面男性爲了補償他們不滿足的愛情生活，於是就徵歌選舞與聲妓追逐享樂或者是蓄妾。在這種情形之下，女性連妬忌也被制止（妬忌是七出惡德之一），只能採取旁觀忍受的態度。這種傳統中國社會裡玩弄女性的觀念也正是促使姬妾聲妓盛行的一大因素（註三），樂章集中冶遊之作所描敘的內容十之八九都與女人有關，他的對象很多，如「定風波」一首係懷念其妻，其詞如下：

何意，繡閣輕拋，錦字難逢，等閒度歲。奈泛遊迹，厭厭病緒，邇來諳盡，宦遊滋味，此情懷，縱寫香牋，憑誰與寄，算孟光，爭得知我，繼日添憔悴。（下半闋）

詞中道出宦遊滋味，傾訴浪迹之苦，却無半字道及閨幃畫眉之樂，可見當時社會中夫婦之愛只可藏諸內心，而柳永這種不滿足的愛情生活，却在秦樓楚館中得到如魚似水的滿足。如：

菊花新

欲掩香幃論繾綣，先斂雙蛾，愁夜短，催促少年郎先去睡，鴛衾圖暖。　須臾放了殘鍼線，脫羅裳恣情無限，留取帳前燈，時時待看伊嬌面。

本詞以俚俗的語句對性愛作細膩而赤裸裸的描述，故李調元雨村詞話說：「柳永淫詞，莫逾于菊花新一闋」。又如

鳳棲梧 其三

蜀錦地衣絲步障，屈曲回廊，靜夜閒尋訪，玉砌雕闌新月上，朱扉半掩人相望。　旋暖薰爐溫斗帳，玉樹瓊枝，迤邐相偎傍，酒力漸濃春思蕩，鴛鴦繡被翻紅浪。

尉遲杯

寵佳麗，算九衢紅粉難比，天然嫩臉修娥，不假施朱描翠，盈盈秋水，恣雅態，欲語先嬌媚，每相逢，日夕花朝，自有憐才深意。　綢繆鳳枕鴛被，深深處瓊枝玉樹相倚，困極歡餘，芙蓉帳暖，別是惱人情味，風流事難逢雙美，況已斷香雲爲盟誓，且相將共樂平生，未肯輕分連理。

慢卷紬

閒窗燭暗，孤幃夜永，欹枕難成寐，細屈指尋思，舊事前歡，都來未盡，平生深意，到得如今萬般追悔，空只添憔悴。對好景良辰，皺著眉兒，成甚滋味。　紅茵翠被，當時事，一一堪垂淚。怎生得依前，似恁偎香倚暖，抱著日高猶睡，算得伊家，也應隨分，煩惱心兒裡，又爭似從前，淡淡相看，免恁牽繫。

以上所舉之例，對性愛之描述的大胆，露骨令人咋舌，但從另一角度看正顯示出柳永從娼妓中得到愛情的滿足。漢以後「男尊女卑」的觀念，愈來愈重，男子一方面玩弄女性，一方面又往往自鳴爲聖人，況妓女的社會地位卑下，可說毫無人性尊嚴，備受歧視，而柳詞中之男性却未以歧視眼光來看妓女，此類詞中所表現的感情皆極爲眞摯深厚，男性以完全坦白而實在的感情對娼妓，表現出的是赤裸裸的自我，毫無忌諱，毫不矯情。此類作品，使柳永飽受當時衞道之士及後人的鄙視。李清照詞論云：「雖協律而詞話塵下」，陳師道後山詩話云：

「骫骳從俗天下詠之」，江順詒詞學集成引黃叔暘云：「長於纖艷之詞，然多俚俗語」，謝章鋌賭棋山莊集：「柳耆卿失之濫」，此類批評雖不無道理，然柳永之所以爲柳永卽在於他的坦率、眞切而大胆。

總而言之，冶遊之風盛行是整個時代現象，這種現象促使任性任眞的大詞人柳永更放縱更自棄，也成爲他詠誦詞曲的源泉。

二、柳永的個性

詞人的個性是決定詞人風格的先決條件，因爲作品的內容和措詞常表現出作者個人獨特的風格，或屬婉約或屬豪放、或屬典雅或屬淺俗（註四）。柳詞風格，陳質齋評云：「詞格不高」，屬於淺俗之作。只因爲柳永爲人「薄於操行」、「風流俊邁」、「疏俗少檢束」因其天性風流浪漫，「爲舉子時多游狹邪」（註五）可知柳永年輕時便喜涉足秦樓楚館，故有人謂柳永「寧可不做官，不可不嫖妓」（註六）由於本性如此，故冶遊縱樂遂成爲其主要生活，亦爲其寫作的主要題材。如

洞仙歌

嘉景向少年彼此，爭不雨沾雲愁，奈傅粉英俊，夢蘭品雅，金絲帳暖，銀屏亞，竝燦輕倚綠嬌紅姹，算一笑百琲明珠非價。　閑暇，每祇向洞房深處，痛憐極寵，似覺些

子輕孤。早恁背人沾灑，從來嬌縱多猜訝，更對翦香雲，須要深心同寫，愛揾了雙眉，索人重畫，忍孤豔冶斷，不等閒輕棄，鴛衾下，願常恁好天良夜。

剔銀燈

何事春工用意，繡畫出萬紅千翠，豔杏夭桃垂楊芳早，各鬪雨膏煙膩，如斯佳致，早晚是讀書天氣。　漸漸園林明媚，便好安排歡計，論檻買花，盈車載酒，百琲千金邀妓，何妨沈醉，有人伴日高春睡。

柳永天性風流俊邁，樂章集中觸處可爲印證。如上述兩闋即可見柳永在勾攔中之自然與愉悅，大好春天讀書雖好，但沒有比百琲千金邀妓歡遊更來得令人歡樂，如非天性浪漫者，何能致此？

出身仕宦之家的柳永，在秦樓雖知名，在楚館雖愉悅，但未忘却其爭取功名的責任，因爲男人惟有考場勝利，功名得意才能肯定自我價值，鞏固自己的社會地位。無奈以他的才華，年近四十才落得個景祐元年進士。取得進士後，宦遊在外，又不得高升，於是內心充滿矛盾與無奈，此種鬱悶惟有在燈紅酒綠中得到解脫與遺忘。故樂章集中有不少對功名利祿否定的語句，在這種語句中在在都露出作者的矛盾與無奈。如

鶴沖天

黃金榜上，偶失龍頭望，明代暫遺賢，如何向，未遂風雲便，爭不恣狂蕩，何須論得喪，才子詞人，自是白衣卿相。煙花巷陌，依約丹青屛障，幸有意中人堪尋訪。且恁偎紅依翠，風流事，平生暢，青春都一餉，忍把浮名換了淺斟低唱。

本詞爲柳永進士落第後所作，上半闋坦率地陳述自己的怨望和意願，換頭以下說明他情願做一個「才子詞人」走出名利場，轉到「煙花巷陌」裡，自甘沉淪於煙花靡麗的誘惑中。此乃一時遣懷之作却爲仁宗深斥，因此影響了柳永一生功名。又如

如魚水

帝里疏散，數載酒縈花繫，九陌逛遊，良景對珍筵，惱佳人自有風流，勸瓊甌，絳脣啓，歌發清幽，被舉措，藝足才高，在處別得艷姫留。浮名利，擬拚休，是非莫挂心頭，富貴豈由人，時會高志須酬，莫閒愁，共綠蟻，紅粉相尤。向繡幄，醉倚芳姿睡，算除此外何求。

柳永功名既不得志於是眞的「忍把浮名，換了淺斟低唱」，專在勾攔中廝混，如本詞上半闋在歡場中自嘲地說「在處別得豔姫留」，下半闋又自作瀟灑地說：「浮名利，擬拚休，是非莫挂心頭，富貴豈由人……」，可知柳永雖天生浪漫，但由於功名失利帶給他心理上壓迫更促使他從「冶遊」中求取解脫，故尾犯一詞中他更坦白的說：「似此光陰催逼，念浮生不滿

百，雖照人軒冕，潤屋珠金，於身何益，一種勞心力，圖利祿，殆非長策，除是恁點檢笙歌，訪尋羅綺得」。

綜合以上兩大因素得知柳永之喜「冶遊縱樂」出於天性，此天性亦藉着時代的大環境推動，因而形成其大量的冶遊之作。

【附　註】

註一　見詞話叢編卷七，雙硯齋詞話頁二四九六。

註二　王書奴著中國娼妓史第五章官妓鼎盛時代第七節宋代官吏之冶遊，萬年青書局。

註三　見陳孝東中國婦女生活史，商務印書館。

註四　見梁榮基著詞學理論綜述考第四章典雅與淺俗。

註五　見葉夢得避暑錄話卷下。

註六　見趙景深中國文學小史，中新書局。

乙、歌妓聲容情態

樂章集中不論內容爲「冶遊縱樂」或「羈旅行役」之作，其描述的十之八九與女人有關，其對象很多，除「算孟光爭得知我，繼日添憔悴」（註一），係懷念其妻外，柳永爲了契應市井生活與歌台舞榭的流連（註二）。樂章集中大多數都屬於「歌筵罷偶同鴛被」一類戀妓之作。換言之樂章集所描述的女性皆以娼妓爲中心，柳永很用心用情地描寫娼妓之天生麗質、娼妓的色藝雙全，更刻劃出歌妓的心理狀態。現就其內容將此類女性作一番剖析。

一、歌妓容顏：柳永對娼妓外型的描述可分爲⑴眼睛⑵笑靨⑶雲鬢⑷腰肢⑸蛾眉⑹肌膚等六項。

1.眼睛

「層波細翦明眸」（晝夜樂）

「時揭蓋頭微見，笑整金翹，一點芳心在嬌眼」（荔枝香）

「萬嬌千媚的的在層波」（西施其三）

2.笑靨

「香靨融春雪」（促拍滿路花）

「天然俏自來奸黠，最奇絕是笑時媚靨深深」（小鎮西）

「嬌多愛把齊紈扇和笑掩朱脣」（少年遊其四）

「絳脣輕笑」（玉蝴蝶其三）

3.雲鬟

「翠鬟嚲秋煙」（促拍滿路花）

「纔過笄年，初綰雲鬟」（迷仙引）

「與合垂楊雙髻」（鬪百花其三）

「寶髻瑤簪嚴妝巧」（瑞鷓鴣）

4.腰肢

「楚腰纖細正笄年」（促拍滿路花）

「世間尤物意中人，輕細好腰身」（少年遊其四）

「滿搦宮腰纖細，年紀方當笄歲」（鬪百花其三）

「出屏幃，倚風情態，望素腰肢」（玉蝴蝶其三）

「鶯慚巧舌，柳妒纖腰」（合歡帶）

「素腰紅眉」（荔枝香）

5.蛾眉

「只恁殘卻黛眉，不整花鈿」（促拍滿路花）

「先斂雙蛾愁夜短」（菊花新）

「素腰紅眉」（荔枝香）

「自有天然態，愛淺畫雙蛾」（西施其三）

「嫩臉修蛾，淡匀輕掃」（兩同心）

「翠深紅淺，蛾愁黛蹙」（河傳）

6.肌膚

「膩玉圓搓素頸」（晝夜樂）

「如削肌膚紅玉瑩」（紅窗聽）

「一箇肌膚渾似玉」（合歡帶）

綜合以上六項的描述，可知柳永對女性的容貌往往刻意雕飾以強調容貌某部份的特長，但有時也作綜合性的描寫。如

荔枝香

甚處尋芳賞翠，歸去晚，緩步羅襪生塵，來繞瓊筵看，金縷霞衣輕褪，似覺春遊倦。遙認，衆裡盈盈好身段。擬回首，又竚立，簾幃畔，素臉紅眉，時揭蓋頭微見，笑整金翹，一點芳心在嬌眼。王孫空恁斷腸。

本首乃是咏美人面貌體態的詞，在描寫角度和手法上，不作正面的敍述，而是從歌妓倦遊歸

來的慵態寫起，層層深入地鋪敍出美人之秀色可餐。上半闋首四句寫美人遊罷晚歸，拖着緩慢的步伐，繞過筵席而引起賓客的注目。「遙認，衆裡盈盈好身段」句藉衆姬襯托出此姝身材之窈窕。走筆至此，賓客對此背影的廬山面目感到無比的興趣。無奈作者故弄玄虛，在換頭先讓她「擬囘首」，而後「又竚立」，縱擒之間，更加強了賓客欲見美人眞面目的好奇心，在吊足賓客胃口後，作者才在容貌上先描繪「素臉紅眉」，再點出靈魂之窗的媚人「笑整金翹一點芳心在嬌眼」，引人的背影，果然是絕色佳人，聲容笑貌，無不傾人，難怪王子公孫都要爲她神授魂與。又如

合歡帶

身材兒，早是妖嬈，算風措，實難描，一箇肌膚渾似玉，更都來，占了千嬌，妍歌艷舞，鶯慚巧舌，柳妒纖腰。自相逢，便覺韓娥價減，飛燕聲消。 桃花零落，流水潺湲，重尋仙徑非遙，莫道千金酬一笑，便明珠萬斛須邀，檀郎幸有凌雲詞賦，擲果風標。況當年便好相攜，鳳樓深處吹簫。

本詞描寫色藝雙全的歌妓。上半闋描繪其體態、風度及肌膚，這千嬌百媚的佳人既善歌又擅舞，又有誰會不爲她的誤落風塵而致感慨呢！

二、歌聲舞姿：柳永一生流連歌樓酒肆，他是歌妓的發言人，常藉着歌詞來介紹妓女的

歌聲舞姿。

1.歌聲的描述

「文談閒雅，歌喉清麗」（少年遊其五）

「歌喉清麗，百媚坐中生」（少年遊其三）

「唱出新聲群豔伏，金鵝扇掩調纍纍，文杏梁高塵簌簌」。「鸞吟鳳嘯清相續，管裂弦焦爭可逐」（木蘭花其二）

「愛把歌喉，當筵逞，遏天邊亂雲愁凝，言語似嬌鶯，一聲聲堪聽」（晝夜樂其二）

「凝態掩霞襟，動象板聲，怨思難任。嘹亮處，迴壓弦管低沉」。（瑞鷓鴣）

以上五闋柳永只是平面的點出歌聲的「清麗」、或「嘹亮」、「動聽」。樂章集中惟有「鳳棲梧」一闋的描述歌妓的歌聲，才予人有身歷其境之感，其詞如左：

簾下清歌簾外宴。雖愛新聲，不見如花面。牙板數敲珠一串，梁塵暗落琉璃琖。桐樹花深孤鳳怨。漸遏遙天，不放行雲散。坐上少年聽不慣。玉山未倒腸先斷。

本詞是描寫作者少年時代顧曲的感受。其中描述歌聲者，自「牙板數敲珠一串」至下半闋「不放行雲散」，先述歌妓敲擊樂器所發出的珠玉聲，振動柱上橫木，以致塵埃暗落酒杯，此形容其音量之宏大；再述其歌聲之哀怨處，一如「桐樹花深孤鳳怨」；其感人處，響澈雲霄，凝滯行雲。最末二句是寫作者聽歌時的感受。全詞對歌妓歌聲之描述極為生動，令人有身歷其境之感。

2.舞姿的刻劃

「星眸顧拍精神峭，羅裏迎風身段小」（木蘭花其四）

「急鏘環佩上華裀，促拍盡隨紅袖舉」（浪淘沙令）

「香檀敲緩玉纖遲，畫鼓聲催蓮步緊」（木蘭花其三）

以上三闋以數句刻劃出有「飛燕精神」的舞孃，舉手投足，無不中節。其中描繪最生動者是贈給歌妓英英的柳腰輕：

英英妙舞腰肢軟，章台柳，昭陽燕，錦衣冠蓋，綺堂筵會，是處千金爭選。顧香砌，絲管初調，綺輕風，佩環微顫。　乍入霓裳促遍，逞盈盈，漸催檀板。慢垂霞袖，急趨蓮步，進退奇容千變。算何止，傾國傾城，暫回眸，萬人腸斷。

本詞乃是讚美英英舞技之超群出衆。按意思可分四個小節，第一小節是由首句至「是處千金爭選」句，寫的是英英因腰細善舞而身價非凡。第二節由「顧香砌」起至「佩環微顫」句，寫欲舞未舞之情態。第三節自「乍入霓裳促遍」至「進退奇容千變」句，狀英英之輕快美妙舞姿。末二句是一小節，以其舞罷回眸，萬人腸斷，寫其色藝雙全。作者柳永的描繪可謂曲盡其妙。

三、文才：宋代妓女有的能對客揮毫，倚馬可待；有的能即景生情的唱詞，對於詞的意義及曲拍亦十分了解。這些妓女爲什麽有這樣成績呢？因爲這些娼妓時常與一大班詞人接近的緣故（註三）。柳永因爲事業功名都已絕望，從此便流落不偶，儘量以其天才發揮在詞上，以博坊曲娼妓的青眼，故娼妓也無形中受其薰陶。樂章集中便有讚美娼妓工於文藝者——作聲填詞者。如惜春郎：

屬和新詞多峻格，敢共我勍敵。

此兩句明顯地道出當時某歌妓亦善於詞章的事實。又如鳳銜杯：

有美瑤卿能染翰。千里寄，小詩長簡。想初襞苔箋，旋揮翠管，紅窗畔，漸玉箸，銀鉤滿。錦囊收，犀軸卷，常珍重，小齋吟玩。更寶若珠璣，置之懷裏時時看，似頻千嬌面。

本詞乃是描述千里外佳人寄相思，而作者寶愛不已。上半闋首句點出「有美瑤卿能染翰」，說明此姝能作詩填詞，接着想像佳人作詩修簡時神態，下半闋敍述作者得到詩簡時寶愛的感情。

四、情態（心態）：柳永因爲長期在娼樓裏面廝混，看娼妓如平等朋友一般，故對娼妓生活體驗得特別細緻，善於替她們吐出心坎裡的悲哀（註四）。樂章集裡此類作品有二十闋左右。

青樓娼女的精神是自由的、解放的，因此對感情的表露也是大胆、直率的，雖然傳統觀念「婊子無情，戲子無義」，在柳永眼中的娼女却是情深似海。如西施其三：

自從回步百花橋，便獨處淸宵，鳳衾鴛枕，何事等閒抛，縱有餘香，也似郎恩愛，向日夜潛消。恐伊不信芳容改，將憔悴，寫霜綃，更憑錦字，字字說情憀，要識愁腸，但看丁香樹，漸結盡春梢。

上半闋寫離別後在閨房之情。下半闋欲以錦字訴相思，寫來眞切自然。眞所謂「達難達之情，而出之以自然者」（註五）。

錦堂春

墜髻慵梳，愁蛾嬾畫，心緒是事闌珊。覺新來憔悴，金縷衣寬。認得這疏狂意下，向人諳譬如閑，把芳容整頓，恁把輕孤擲，爭忍心安。依前過了舊約，甚當初賺我偸雲鬟，幾時得歸來，香閣深關，待伊要尤雲殢雨，纏繡衾不與同歡，儘更深款款，問伊今後，敢更無端。

本詞特色乃是以俗語寫出閨怨。上半闋寫心緒闌珊，意態懶散又不得不打起精神，「認得這疏狂意下，向人諳譬如閑」，「諳譬如閑」猶云全然若無其事，用一口語能生動地浮繪出此女子的眞性情與個性。下半闋怨對方未遵盟誓前來。「甚當初賺我」，賺，誑騙之意。用此一字嗔怪之態，自然現出。接着她盼望對方歸來後的想像之辭，寫來生動、自然而適合身分。「待伊要尤雲殢雨，纏繡衾不與同歡」，用俗語「尤雲殢雨」寫出妓女自由開放大胆的作風。本詞以俗語生動明白的刻劃出娼妓的心態與作風。

定風波

自春來，慘綠愁紅，芳心是事可可，日上花梢，鶯穿柳帶猶壓香衾臥。暖酥消，膩雲嚲，終日厭厭倦梳裹。無那，恨薄情一去音書無箇。　早知恁麼，悔當初不把雕鞍鎖。向雞窗，只與蠻牋象管，拘束教吟課，鎭相隨，莫拋躲，鍼線閒拈伴伊坐，和我免使年少光陰虛過。

本詞眞實地寫出了閨中少婦孤寂生活的苦悶。上半闋說明她由於情郞一去，音訊全無，才害得她暖酥消，膩雲嚲，終日厭厭倦梳裹」。下半闋寫她追悔的心情。本詞的特色是把情愛描繪得很露骨，由於有稍涉色情的傾向，故張端貴耳集說：「詞本管弦冶蕩之音，而柳永所作，旖旎近情，使人易入，雖頗以俗爲病，然好之者不絕也」。

減字木蘭花

花心柳眼，郞似遊絲常惹絆，慵困誰憐，繡綫金鍼不喜穿。　深房密宴爭向好天，多聚散。綠鎖窗前幾日春愁廢管絃。

本詞以小令形式道出閨中的寂寞與無奈。

以上數闋所寫的閨怨女主角皆是娼妓，描述直率、大胆、眞切適合身份。不似其他詩詞的閨怨女主角皆爲良家婦女，用筆要含蓄不盡或寓意深遠。

又柳永描寫煙花中情侶的「小會幽歡」之別情亦鮮明眞切。如

晝夜樂

洞房記得初相遇，便只合長相聚，何期小會幽歡，變作離情別緒，況值闌珊春色暮，對滿目亂花狂絮，直恐好風光、盡隨伊歸去。　一場寂寞憑誰訴，算前言總輕負，早知恁地難拚，悔不當時留住，其奈風流端正外，更別有繫人心處，一日不思量，也攢眉千度。

本詞爲暮春憶別之作。故上半闋首先道出「何期小會幽歡變作離情別緒」接下「況值闌珊春色暮，對滿目亂紅狂絮，直恐好風光，盡隨伊去」四句，以春色衰殘，落花飛絮助人愁思，反襯出所有一切的美景在伊人別去之後，盡隨之而逝。換頭「一場寂寞憑誰訴，算前言總輕負，早知恁地難拚，悔不當初留住」四句敘寫她深閨獨居，寂寞無告，悔不當初莫讓他走的追悔。然而愈是失去的歡情，愈追悔愈覺得它好，因此底下「其奈風流端整外，更有繫人心

處」二句，便在回味相聚時的歡情。此歡情「一日不思量，也攢眉千度」，設若思量起來，其情將何以堪，這種片刻難忘的深情，讀起來眞令人悠然神往。

駐馬聽

鳳枕鸞帷，二三載如魚似水，良天好景，深憐多愛，無非盡意依隨，奈何伊恣性靈，忒煞些兒無事孜煎，萬回千度，怎忍分離。而今漸行漸遠，漸覺雖悔難追，漫寄消息，終久奚爲，也擬重論繾綣，爭奈翻復思維，縱再會，只恐恩情，難似當時。

本詞全以散文句式敍事。上半闋敍述與狎客同居二三載如魚似水，奈嫖客說走就走。下半闋寫對狎客的思念，而狎客也一去全無訊息，卽使盼望重見，狎客豈肯重視恩情。本詞寫出狎客只視娼女爲玩物，而不知其用情的痛苦。

以上所擧兩首表面上是寫離情別恨，而實際上柳永却道出了娼女內心的痛苦，讀之令人心惻。

柳永傾訴娼妓對狎客思念之情，眞摯哀怨，如：

梁州令

一夜狂風雨，落英墜碎紅無數，垂楊漫結黃金縷，儘春殘縈不住。　蝶稀蜂散知何處，殢尊酒，轉添愁緒，多情不慣相思苦，休惆悵，好歸去。

此小詞吟春殘時引起無限相思苦，此苦難排遣，故自慰說：「休惆悵，好歸去」更見此情之苦。

隔簾聽

咫尺鳳衾鴛帳，欲去無因到，鰕鬚窣地重門悄，認繡履頻移，洞房杳杳，強語笑，逞如簧再三輕巧。梳妝早，琵琶閑抱愛品相思調，聲聲似把芳心告，隔簾聽，贏得斷腸。多少，恁煩惱除非共伊知道。

本詞道出對人思念之無奈之情。

綜合以上所述，可知長期落魄江湖的柳永對於歌妓們送往迎來的生活，有相當程度的了解，故其能適合身份地表現出他們的愛慕、嗔怨、相思等情愫，雖用句鄙俗、用語大胆、率直，但是也惟有如此才能赤裸裸地表達出非良家婦女—娼妓的自由、開放的精神。此類作品不免被人批評成庸俗低級，但也惟有「庸俗低級」才切合「青樓倡女」的生活環境與感情，故張端義貴耳集不得不說：「詞本管絃冶蕩之音，而柳永所作，旖旎近情，使人易入。雖頗以俗爲病，然好之者終不絕也。」

北宋初期的詞猶有晚唐、五代的遺風，而晚唐、五代的詞風乃是南朝宮體詩風的復活（註六），而宮體詩的內容以女性爲中心，再旁及女性所生活的環境及所有的物件（註七），描寫女人的姿容、情態、甚至從人體各部份如鬢髮、眉眼、腕臂、腰肢、足趾、肌膚等處作「窮力」「極貌」的細微刻劃（註八）。今分析樂章集中「歌妓容顏情態」，得知柳永也刻劃歌妓之腰肢、肌膚、眉眼、鬢髮……等，極力地描述舞妓、歌妓的舞技、歌藝，更委婉細膩地細訴歌妓的心理狀態，可見他寫作的內容不出宮體詩的範疇—即以女性爲中心，旁及女性生活的環境。換言之柳永作品的題材與作品仍沿襲晚唐、五代的「羅衾閨幃，怨別傷春」（註九）。他寫作的技巧不追循前人「香草美人」的託意或寓意（註一〇）而以白描與寫實的手法敍事達情。故劉熙載說：「耆卿詞細密而妥溜，明白而家常，善於敍事，有過前人，惟綺羅香澤之態，多在所有，故覺風期未耳」（註一一）。總而言之柳永詞風、內容皆極盡「綺羅香澤之態」、「旖旎近情」的風格。

【附註】

註一 見樂章集卷中定風波下半闋。

註二 見吳炎塗著「柳永的詞情與生命」，鵞湖。

註三 見王書奴著中國娼妓史第五章官妓鼎盛時代第八節娼妓與詞。

註四 見文學世界第三十五期，嚴南方柳永詞平議。

註五 見馮昫宗，六十詞選例。

註 六 見陳弘治唐五代詞研究第三章唐五代的詞風，文津出版社。
註 七 見葉師慶炳著中國文學史，第十講南朝文學「山水詩與宮體詩」，廣文書局出版。
註 八 見陳弘治唐五代詞研究第三章唐五代的詞風。
註 九 見陳弘治唐五代詞研究第三章唐五代的詞風。
註一〇 見吳炎塗著「柳永的詞情與生命」。
註一一 見詞話叢編十一卷，劉熙載詞概頁三七七七。

丙、都會承平

樂章集中有些作品是吾人研究北宋盛世「朝野多歡」社會的寶貴資料，從中可見北宋仁宗時社會安定，經濟繁榮，君民同樂，歌舞昇平的氣象。故福建通志云：「范鎮嘗曰：「仁宗四十年太平，鎮在翰苑不能出一語，乃於耆卿詞見之。」」故樂章集中具有參考價值的當屬「都會承平」的資料，況其形容極爲詳實流暢，陳振孫書錄解題嘗云：「承平氣象，形容曲盡」（註一一）即指此作。現就此類作品作一分析：

破陣樂

露花倒影，煙蕪蘸碧，靈沼波暖，金柳搖風樹樹，繫彩舫龍舟遙岸。千步虹橋，參差雁齒，直趣水殿，繞金堤曼衍魚龍戲，簇嬌春羅綺喧天絲管，霽色榮光，望中似覩，蓬萊清淺。時見，鳳輦宸遊，鸞觴禊飲，臨翠水，開鎬宴。兩兩輕舠飛畫檝，競奪錦標霞爛，罄歡娛，歌魚藻，徘徊宛轉。別有盈盈遊女，各委明珠，爭收翠羽，相將歸遠，漸覺雲海沉沉，洞天日晚。

本詞是描寫北宋的首都汴京的繁盛，從盛繁中見到歌舞昇平的氣象。上半闋極力鋪張「水殿」之豪華壯麗。下半闋則誇張地描寫「鳳輦宸遊」時的豪華氣派，像這樣窮奢極侈的盛大場面，沒有雄厚的經濟背景是支撐不住的，所以從這首詞裡可以想見當時汴京繁華之一斑。

望海潮

東南形勝，江吳都會，錢塘自古繁華。煙柳畫橋，鳳簾翠幕，參差十萬人家。雲樹繞堤沙，怒濤卷霜雪，天塹無涯。市列珠璣，戶盈羅綺競豪奢。重湖疊巘清嘉，有三秋桂子，十里荷花。羌管弄晴，菱歌泛夜，嬉嬉釣叟蓮娃。千騎擁高牙，乘醉聽簫鼓，吟賞煙霞。異日圖將好景，歸去鳳池誇。

這是何等繁富宏麗的氣象，以當時一個「江吳都會」的錢塘（即杭州），就有「參差十萬人家」。城市外觀是一片「煙柳畫橋，風簾翠幕」的旖旎風光；內在則是「市列珠璣，戶盈羅綺」那樣充實耀眼的財富，市民們過着的是既「豪奢」又多采多姿的生活。相傳金主完顏亮因此而「起投鞭渡江之志」（註二），此言雖未可確信，但可以想見杭州當日之繁華情形。

瑞鷓鴣

吳會風流，人煙好，高下水際山頭，瑤台絳闕，依約蓬丘。萬井千閭富庶，雄壓十三州。觸處青蛾畫舸，紅粉朱樓。　方面委元侯，致訟簡時豐，繼日歡遊，襦溫袴暖，已扇民謳，旦暮鋒車命駕，重整濟川舟，當恁時沙隄路穩，歸去難留。

本詞上半闋將吳會（即蘇州）的地理形勢、人口密集與民生繁富都曲盡形容，使人一覽無遺。從以上三闋中可知北方京城的繁榮或南方都會的富庶，再由其他作品的描畫中，可見「朝野歡狂，人民康阜」的氣象（註三），現分述如左：

一、上層階級生活狀況：從此類作品可知國君、大臣們優崇而安閒的生活。

巫山一段雲 其一

六六眞遊洞，三三物外天，九班麟穩破非煙，何處按雲軒。　昨夜麻姑陪宴，又話蓬萊清淺，幾回山脚雲濤，彷彿見金鼇。

本詞是以神仙境界比喻當時宮廷生活之逍遙。如上半闋首二句「六六眞遊洞，三三物外天」以神仙居地喻宮殿。「九班麟穩破非煙，何處按雲軒」，是以麒麟之翺翔卿雲間，喻宮中生活之逍遙自在。

巫山一段雲 其二

琪樹羅三殿，金龍抱九關，上清眞籍總群仙，朝拜五雲間。昨夜紫微詔下，急喚天書使者，令齋瑤檢降彤霞，重到漢皇家。

本詞所歌頌的是祥瑞徵兆。「琪樹羅三殿，金龍抱九朝」喻君臣拜天庭。「令齋瑤檢降彤霞，重到漢皇家」喻受到上天福祐，一片祥瑞氣象。

巫山一段雲 其三

清旦朝金母，斜陽醉玉龜，天風搖曳六銖衣，鶴背覺孤危。貪看海蟾狂戲，不道九關齊閉，相將何處寄良宵，還去訪三茅。

本詞描繪宮中日以繼夜歡遊事宜。

巫山一段雲 其四

閬苑年華永，嬉遊別是情，人間三度見河清，一番碧桃成。金母忍將輕摘，留宴鼇峰眞客，紅　閒臥吠斜陽，方朔敢偷嘗。

本詞上半闋以神仙喻宮中承平氣象，下半闋是以西王母之輕摘碧桃待眞客，比喻朝廷之禮遇翰苑賢才。

巫山一段雲 其五

蕭氏賢夫婦，茅家好兄弟，羽輪飆駕赴層城，高會盡仙鄉。一曲雲謠爲壽，倒盡金壺碧酒，醺酣爭撼白榆花，踏碎九光霞。

這是一首頌禱聖壽的詞。

從這五闋作品中得知當時天下的承平，宮中的祥和，國君過着逍遙自適，享樂富庶的日子；由於這種生活只有天上有，故作者以詠游仙之法烘托出這種富盛祥瑞的氣象。故鄭文焯云：「此五闋蓋詠當時宮詞之類，亦托之游仙，唐詩人常有此格，詩詞家罕見之。」（註四）不僅國君獨樂，更可見君民同樂者。如：

傾杯樂

禁漏花深繡工日永，蕙風布暖，變韶景，都門十二，元宵三五，銀蟾光滿，連雲複道凌飛觀，聳皇居，麗嘉氣，瑞煙蔥蒨，翠華宵幸，是處層城閬苑。龍鳳燭，交光星漢。對咫尺鼇山開羽扇。會樂府兩籍神仙，梨園四部弦管。向曉色，都人未散。盈萬井，山呼鼇抃。願歲歲，天仗裡，常瞻鳳輦。

本詞是描繪上元節時「君民同樂」的實況，尤其是皇帝出現後，樂棚開始作樂，於是展開了「樂府兩籍神仙，梨園四部弦管」的慶賀典禮，於是各種儀式的歡暢氣氛於此時達到高潮，呈現出一片太平氣象，難怪此詞傳入禁中，能得到稱讚（註五）。

其次有大臣生活狀況的描繪。如：

望海潮

重湖疊巘清嘉。有三秋桂子，十里荷花。羌管弄晴，菱歌泛夜，嬉嬉釣叟蓮娃。千騎擁高牙，乘醉聽簫鼓，吟賞煙霞。異日圖將好景，歸去鳳池誇（下半闋）。

本詞後半闋描述當時兩浙轉運使孫何，出門有「千騎擁高牙」的威風，退居則過另一種「醉聽簫鼓，吟賞煙霞」的神仙般悠遊時光。

金蕉葉

厭厭夜飲平陽第，添銀燭，旋呼佳麗，巧笑難禁，艷歌無閒聲相繼，準擬幕席地（下半闋）。

本詞描述士大夫階級過着「旋呼佳麗」「艷歌無閒聲相繼」的奢侈生活，不知人間有何辛苦與煩惱的事。

少年遊 其六

鈴齋無訟宴遊頻，羅綺簇簪紳，施朱傅粉、豐肌清骨，容態盡天眞。　舞裀歌扇花光裡，翻回雪，騎行雲，綺席闌珊，鳳燈明滅，誰是意中人。

本詞是敍述作者宦遊在外，過着冶遊尋樂的生活。

二、下層階級生活狀況：從此類作品中可見社會民衆，恣酣取樂，狂歌醉舞的盛況。

㈠從冶遊中透見：

長壽樂

繁紅嫩翠，豔陽景，妝點神州明媚，是處樓台，朱門院落，弦管新聲騰沸，恣遊人，無限馳驟嬌馬車如水，竟尋芳選勝，歸來向晚起通衢近遠，香塵細細。　太平世，少年時，忍把韵光輕棄，況有紅妝，楚腰越豔，一笑千金何啻，向尊前，舞袖飄雪，歌響行雲，願長繩，且把飛烏繫任，好從容痛飲，誰家惜醉。

在「繁紅嫩翠，豔陽景，妝點神州明媚」的春天，遊人恣酣取樂。

透碧霄

月華邊，萬年芳樹祥煙，帝居壯麗，皇家熙盛，寶運當千，端門清晝，觚稜照月，雙闕中天，太平時，徧錦街香陌，鈞天歌吹，閬苑神仙。　昔觀光得意，狂遊風景，再覩更精妍，傍柳陰，尋花徑，空恁嚲鞚垂鞭，樂遊雅戲，平康豔質，應也依然，仗何人，多謝嬋娟，道宦途蹤迹，歌酒情懷，不似當年。

本詞上半闋透過「月華邊，芳樹起祥煙」勾畫出「太平時朝野多歡」，下半闋追述在平康巷的日子。

看花回　其二

玉墄金階舞舜干，朝野多歡，九衢三市風光麗，正萬家急管繁弦，鳳樓臨綺陌，嘉氣非煙。雅俗熙熙物態妍，忍負芳年，笑筵歌席連昏晝，任旗亭，斗酒十千，賞心何處好，惟有尊前。

本詞上半闋描繪出萬民酣樂。下半闋勸人要及時行樂。

㈡從咏節令中透見—中國古代社會十分重視元宵節、寒食節、清明節、七夕、重陽節等節令，故從這些節令的慶賀中正可見社會安定，百姓生活富足之狀況。

1. 元宵

迎新春

嶰管變青律，帝里陽和新布，晴景回輕煦，慶嘉節，當三五。列華燈，千門萬戶，徧九陌，羅綺香風微度，十里然絳樹，鼇山聳，喧天簫鼓。漸天如水，素月當午，香徑裡，絕纓擲果無數，更闌燭影花陰下，少年人，往往奇遇。太平時，朝野多歡民康阜，隨分良聚。堪對此景，爭忍獨醒歸去。

本詞描寫元宵夜晚，百姓踏燈的狂歡情形。

2. 清明

木蘭花慢 其二

拆桐花爛漫，乍疏雨，洗清明。正豔杏燒林，緗桃繡野，芳草如屏，傾城，盡尋勝去，驟雕鞍紺幰出郊坰。風暖繁弦脆管，萬家競奏新聲。 盈盈，鬭草踏青，人豔冶遞逢迎。向路傍，往往遺簪墮珥，珠翠縱橫。歡情，對佳麗地，信金罍罄竭玉山傾，拚卻明朝永日，畫堂一枕春酲。

本詞上半闋描繪出春郊圖，並夾敘了典型的清明「乍疏雨」氣候，濃化了清明節的氣氛。下半闋敘百姓走馬踏青，撥弦弄聲，放浪形骸，恣情歡暢的情趣。整首詞象徵了北宋初期經濟的繁華與國家的太平。

笛家弄

花發西園，草薰南陌，韶光明媚，乍晴輕暖清明後，水嬉舟動，禊飲筵開。銀塘似染，金隄如繡，是處王孫幾多遊。往往攜纖手，遣離人。對嘉景，觸目傷懷盡成感舊。 別久，帝城當日蘭堂夜燭，百萬呼盧，畫閣春風，十年沽酒未省，宴處能忘管弦，醉裡不尋花柳，豈知秦樓，玉簫聲斷，前事難重偶，空遺恨，望仙鄉一餉消凝淚沾襟袖。

本詩以追述手法敘述清明後，百姓尋歡之態：喝酒的喝酒、賭博的賭博、尋妓的尋妓，呈現了國泰民安的氣象。

3.寒食

小鎮西犯

水鄉初禁火，青春未老，芳菲滿柳汀煙島，波際紅幃縹紗，儘盤杯小。歌祓禊，聲聲諸楚調。路繚繞，野橋新市裡，花穠妓好，引遊人競來喧笑。酩酊誰家年少，信玉山倒，家何處，落日眠芳草。

本詞寫「初禁火」時大家歡樂的景象。

4.重陽

玉蝴蝶其五

良儔，西風吹帽，東籬携酒，共結歡遊。淺酌低吟，坐中俱是飲家流。對殘暉，登臨休歎，賞令節，酩酊方酬。且相留，眼前尤物，琖裏忘憂。（下半闋）

本詞下半闋寫重陽節時「共結歡遊」，自「淺酌」句以下全寫歡遊縱情暢飲之事，正顯露了國泰民安的景象。

綜合以上的分析：我們可以從樂章集中感染到北宋仁宗朝時繁富宏麗、國泰民安的氣象。此類作品作者以鋪叙的手法加以鋪排。如巫山一段雲五闋大量的運用典故以渲染氣氛，惟有「鋪排與用典」才能配合當時的承平氣象。可見柳永眞是個才華橫溢的大詞人。

【附　註】

註一　詞話叢編卷九。江順詒詞學集成引陳質齋語或陳振孫直齋書錄解題卷二十一。

註二　見詞話叢編卷七，本事詞頁二二四七。

註三　見中華書局中國文學發達史，第十八章北宋詞。

註四　見鄭文焯校樂章集，廣文出版社。

註五　福建通志：「三變爲上元辭：『樂府兩籍神仙、梨園西部絃管』之句、禁中多頌之」。

丁、阿諛稱頌

柳永不僅是青樓歌妓的發言人；有時候亦是民衆的代言人，對於維繫太平景象的統治階層發出祝賀的呼應，故樂章集內有一些專門歌頌君上與朝臣的作品；這些作品因爲對上層階級的稱頌與恭維有過分露骨之處，因此頌辭難免成諛詞（註一）。現依據諛頌的對象分述之

一、稱頌君上之作：

永遇樂

薰風解慍，晝景清和，新霽時候，火德流光，蘿圖薦祉，累慶金枝秀。璿樞繞電，華渚流虹，是日挺生元后。纘唐虞垂拱，千載應期，萬靈敷祐。殊方異域，爭貢琛賮，

架巘航波奔湊。三殿稱觴，九儀就列，韶頀鏘金奏。藩侯瞻望彤庭，親攜僚吏，競歌元首。祝堯齡，北極齊尊，南山共久。

本詞上半闋起句「薰風解愠」至「是日挺生元后」句，皆以自然界所呈現的吉祥異彩來襯托帝王誕生之與衆不同。「纘唐虞垂拱」句至「萬靈敷祐」是頌揚君主垂衣拱手之治。下半闋鋪叙四海歸心，齊來祝壽，誇耀君主之德。「祝堯齡，北極齊尊，南山共久」是祝壽之詞。通篇措詞用典，無不挖空心思，以討好君主爲前題，可謂「善頌善禱」，然讀起來却難免有諛佞之嫌。

送征衣

過韶陽，璿樞電繞，華渚虹流，運應千載會昌，罄寰宇薦殊祥，吾皇誕彌月。瑤圖纘慶，玉葉騰芳。竝景貺，三靈眷祐。挺英哲，掩前王。遇年年，嘉節清和，頒率土稱觴。無閒要荒華夏，盡萬里，走梯航。彤庭舜張大樂，禹會群方。鵷行，望上國，山呼鼇抃。遙爇鑪香，竟就日瞻雲獻壽，指南山，等無疆，願巍巍，寶曆鴻基，齊天地遙長。

本詞上半闋起句「過韶陽」至「吾皇誕彌月」句，均以自然界所呈現的吉祥異彩來襯托帝王誕生彌月的吉利景象。「瑤圖纘慶」句至「挺英哲，掩前王」是頌揚君王英明、聖哲、超越前代。「遇年年，嘉節清和，頒率土稱觴」是言此皇的特殊，獲上天護祐，萬民同歡。下半闋換頭「無閒要荒華夏，盡萬里，走梯航」句承上啓下言不僅本國人民祝賀君主卽使鄰國亦千里迢迢地來朝賀，最後結句「願巍巍，寶曆鴻基，齊天地遙長」爲祝壽之詞。通篇堆砌祥瑞之詞，以便討好君主之歡心。

玉樓春 其四

星闈上笏金章貴，重委外台疏近侍，百常天閣舊通班，九歲國儲新上計。　太倉日富中邦最，宣室夜思前席對，歸心怡悅酒腸寬，不泛千鍾應不醉。

本詞描寫了當時朝政的清明，國庫的充實，君主之愛才與四海之歸心，充分地表現了柳永對當時仁政的阿諛心理。

御街行

燔柴煙斷星河曙，寶輦回天步，端門羽衞簇雕闌，六樂舜韶先舉，鶴書飛下，雞竿高聳，恩霈均寰寓。　赤霜袍爛飄香霧，喜色成春煦，九儀三事仰天顏，八彩旋生眉宇，椿齡無盡，蘿圖有慶，常作乾坤主。

本詞上半闋描述君主祭天後回宮的情形，因君主畏天，故而天「恩霈均寰寓」。下半闋承上描述君主受天靈祐之氣象，作者結句願君主「椿齡無盡，蘿圖有慶，常作乾坤主」。柳永對當時朝廷的阿諛心理，表露無遺。

醉蓬萊

漸亭皐葉下，隴首雲飛，素秋新霽。華闕中天，鎖葱葱佳氣，嫩菊黃深，拒霜紅淺，近寶階香砌，玉宇無塵，金莖有露，碧天如水。　正值昇平，萬幾多暇。夜色澄鮮。漏聲迢遞，南極星中，有老人呈瑞，此際宸遊，鳳輦何處，度管弦清脆，太液波翻，披香簾捲，月明風細。

本詞上半闋寫景點出秋天，下半闋言「正值昇平」故「南極星中，有老人呈瑞」，以歌頌天下昇平祥瑞之氣象，故題爲「慶老人星見」，而本詞却是決定柳永終身寵辱關鍵性的作品，黃花菴（註二）這樣寫着：

「永爲屯田員外郎，會太史奏老人星見。時秋霽，宴禁中。仁宗命左右詞臣爲樂章，內侍屬柳應制。柳方冀進用，作此詞奏呈。上見首字『漸』字，色若不懌。讀至『宸游鳳輦何處』，乃與御制眞宗挽詞暗合，上慘然。又讀至『太液波翻』，曰：『何不言波澄』，投之於地，自此不復擢用」。

根據此段記載，可知柳永本欲藉內史之薦舉，以歌頌祥瑞氣象爲進身之階的，無奈干祿心切，反而弄巧成拙地觸怒了仁宗。

二、稱頌朝臣之作：

永遇樂 其二

天閣英遊，內朝密侍，當世榮遇，漢守分麾。堯庭請瑞，方面憑心膂。風馳千騎，雲擁雙旌，向曉洞開嚴署，擁朱幡喜色歡聲，處處競歌來暮。　吳王舊國，今古江山秀異。人煙繁富。甘雨車行，仁風扇動，雅稱安黎庶。棠郊成政，槐府登賢，非久定須歸去。且乘閒，孫閣長開，融尊盛舉。

本詞上半闋描寫朝廷親信持麾出守，備受百姓愛戴的情形。下半闋點明任官之地是在江山如畫、人口茂密的蘇州。通篇措詞典雅，可謂「方雅質重」，也足見柳永對蘇州郡守的推崇近乎阿諛。

一寸金

井絡天開，劍嶺雲橫控西夏，地勝異，錦里風流，蠶市繁華，簇簇歌台舞榭，雅俗多遊賞，輕裘俊，靚妝豔冶。當春晝，橫石江邊，浣花溪畔景如畫。　夢應三刀，橋名萬里，中和政多暇，仗漢節，攬轡澄清，高掩武侯勳業，文翁風化。台鼎須賢久。方鎮靜，又思命駕，空遺愛，兩蜀三川，異日成嘉話。

本詞上半闋寫錦里（即成都）之繁榮：歌台舞榭、錦衣玉食。下半闋描述成都之富庶歸功於郡守之治績，故作者稱頌道：「高掩武侯勳業，文翁風化」。末句預祝其早日位登宰輔，並想像四川人民對其之「去思」。

早梅芳

漢元侯自從破虜征蠻，峻陟樞庭貴，籌帷厭久，盛年晝錦，歸來吾鄉我里，鈐齋少訟，宴館多歡未周星，便恐皇家，圖任勳賢，又作登庸計。（下半闋）

本詞歌頌吳會郡守之往昔之功勳，及歸鄉後其治績印人心。

瑞鷓鴣 其二

方面委元侯，致訟簡時豐，繼日歡遊，襦溫袴暖。已扇民謳，旦暮鋒車命駕。重整濟川舟。當恁時沙隄路穩，歸去難留。

本詞亦是歌頌方面官之治績。

綜合阿諛稱頌的作品，得知柳永在措辭上雖力求文雅，難免有堆砌之嫌；雖大量運用典故，難免有晦澀之疑。故雖以柳永之才，亦不能盡愜人意，犯有膚泛少情致之病，遑論其他。

【附　註】

註一　見中國詩史近代詩史篇二，北宋詞。

戊、羈旅行役

柳永自從景祐元年中了進士後，便開始他宦遊的生涯（註一），過着流浪的生活。在「別離與羈旅，行役中討生活」的遭遇中，一向輕薄浪漫的才子改變了，他省思着過去荒唐的生活，於是他感情深刻了，人生觀轉變了……這一切一切激蘊了樂章集中另一類崇高的成就，因爲這類作品不再是大胆刻劃男歡女愛，描繪太平盛世，鋪寫百姓心態的作品，而是脫去了「輕薄的調子，俚俗的語句，而以美麗的畫面，深刻的感情，嚴肅的人生態度，襯托一個天涯流落者的影子與心境」（註二）。如果說刻劃男歡女愛、描繪太平盛世……等作品使柳永的作品在當時普遍流行；那麼羈旅行役諸作卻使柳永在中國文學史中永垂不朽，難怪陳質齋說柳永「猶工於羈旅行役」（註三），白雨齋詞話說：「耆卿善於鋪叙，羈旅行役，尤屬擅長」（註四）。柳永宦遊的生涯、流浪的生活，雖然史料中無法得知，但吾人仍可從樂章集羈旅行役的作品中捕捉到才子流落在外的影子與心境。現試從一、送別；二、身世之感；三、懷鄉；四、念舊等四項探析之。

一、送別：劉勰文心雕龍物色篇云：「春秋代序，陰陽慘舒，物色之動，心亦搖焉」可知四時景色影響人心頗鉅，柳永送別之詞，情景交融，婉轉淒切。如：

雨霖鈴

寒蟬淒切對長亭晚，驟雨初歇，都門帳飲無緒，方留戀處，蘭舟催發，執手相看淚眼，竟無語凝噎，念去去，千里煙波，暮靄沈沈楚天濶。　多情自古傷離別，更那堪冷落清秋節，今宵酒醒何處，楊柳岸，曉風殘月。此去經年，應是良辰好景虛設，便縱有千種風情，更與何人說。

這是一首秋日叙別詞，以冷落的秋景作爲襯托，表達出作者在仕途失意，不得不離開京師而遠行。和情人難以割捨的離情，兼而自憐身世的飄泊不定。全詞文潔體清，淸和朗暢，語不求奇而意致綿密。

采蓮令

月華收，雲淡霜天曙。西征客，此時情苦。翠娥執手，送臨歧，軋軋開朱戶。千嬌面，盈盈竚立，無言有淚，斷腸爭忍回顧。　一葉蘭舟，便恁急槳凌波去。貪行色，豈知離緒，萬般方寸，但飲恨，脈脈同誰語；更回首，重城不見，寒江天外，隱隱兩三煙樹。

這是一首秋日離別詞，上半闋言「翠娥」依依送別，令人斷腸。下半闋承上敍乘船而去，眞是漸行漸遠，不見佳人。結句以景收束「重城不見，寒江天外，隱隱兩三煙」寓情深遠，綿密婉約。

臨江仙引 其二

上國、去客、停飛蓋、促離筵。長安古道緜緜。見岸花啼露，對堤柳愁煙。物情人意，向此觸目，無處不淒然。　醉擁征驂猶竚立，盈盈淚眼相看。況繡緯人靜，更山館春寒。今宵怎向漏永，頓成兩處孤眠。

這是一首春曉離別詞。上半闋以情景交融之法寫出離情依依，如「見岸花啼露，對隄柳愁煙」著一「啼」字「愁」字，眞可謂無處不淒涼的情景。下半闋描述分袂之時的心理狀態，送行者與行者，淚眼相看，不勝依依。「況繡幃人靜」句至「頓成兩處孤眠」句，乃想像佳人今夜的孤寂，也想到自己在山館的孤寒。本詞藝術手法靈活生動。

傾杯

離宴，殷勤，蘭舟凝滯，看看送行南浦。情知道世上，難使皓月長圓，彩雲鎭聚。算人生，悲莫悲於輕別，最苦正歡娛，便分鴛侶。淚流瓊臉，梨花一枝春帶雨。　慘黛娥，盈盈無緒，共黯然消魂，重攜纖手，話別臨行，猶自再三，問道君須去。頻耳畔低語。知多少，他日深盟，平生丹素，從今盡把憑鱗羽。

本詞是作者以客觀的角度來描寫一位送行歌妓的內心情態。全闋着重於情的刻劃。上半闋寫餞別宴會之殷勤，顯示出妓女的依依之情。下半闋進一步抒寫佳人的牽衣話別。

就上所引，可見柳永在別離時對佳人的眷戀及感到前途的黯淡和生命的孤寂。他能把離情別緒的最內在的感覺，用最足以傳情達意的句子傳達出來，即情景交融地寫出別情別景，可稱淋漓盡致，大氣包擧，一瀉千里，使吾人讀之，於哀怨外亦復有沈痛之感。

二、身世之感：柳永本想升官發財，乞求聖眷，但因受仁宗嫌惡，故意將其黜降。故遲至中年才中進士。人至中年，遭遇增多，經過一番歷練後，對世事名利就逐漸看淡了。在樂章集中吾人可見不少柳永對往事的感嘆。

鳳歸雲

向深秋，雨餘爽氣肅西郊。陌上夜闌，襟袖起涼飆，天末，殘星流電未滅。閃閃隔林梢，又是曉鷄聲斷，陽烏光動，漸分山路迢迢。驅驅行役，苒苒光陰，蠅頭利祿，蝸角功名。畢竟成何事，漫相高，抛擲雲泉，狎玩塵土，壯節等閒消，幸有五湖烟浪，一般風月，會須歸去老漁樵。

本詞寫得相當脫俗出世。上半闋以深秋蕭索的景色爲背景，襯托出作者暮年低落的情緒。下半闋已悟得「行役驅驅，光陰苒苒」而落得只是「蠅頭利祿，蝸角功名」，這有何意義，還不如歸去，做個漁樵。本詞的境界類似陶淵明，與柳永以往的作品大異其趣。於此可見柳永暮年落拓時的心境。

柳永這種「會須歸去老漁樵」的歸穩心境，還可以在滿江紅一詞中見到，其詞如左：

桐江好，烟漠漠，波似染，山如削，繞嚴陵灘畔，鷺飛魚躍，遊宦區區成底事，平生有雲泉約，歸去來，一曲仲宣吟，從軍樂。

輪台子

霧瀲澄江，煙消藍光碧，彤霞襯遙天，掩映斷續，半空殘月，孤村望處人寂寞，聞釣叟，甚處一聲羌笛，九疑山畔才雨過。斑竹作血痕添色，感行客，翻思故國，恨因循阻隔路久沈消息。　正老松枯柏情如織，聞野猿唬，愁聽得。見釣舟初出，芙蓉渡頭，鴛鴦灘側。干名利祿終無益，念歲歲間阻，迢迢紫陌，翠娥嬌艷，從別後經今，花開柳拆傷魂魄。利名牽役，又爭忍，把光景拋擲。

本詞是作者晚年遊宦途中所發的感慨。上半闋鋪述景物，事實上情感已寓於景物之中，即見景思鄉思佳人。下半闋作者終於了悟追求功名的不智，對宦遊生涯的厭倦。柳永了悟追求功名不智的感慨，又可見於戚氏一詞，其詞如左：

帝里風光好，當年少日，暮宴朝歡，況有狂朋怪侶，遇當歌對酒競留連，別來迅景如梭，舊游似夢，煙水程何限，念利名，憔悴長縈絆，追往事，空慘愁顏。漏箭移，稍覺輕寒，漸嗚咽，畫角數聲殘。對閒窗畔，停燈向曉，抱影無眠。

戚氏一闋分成三疊，仍以秋景爲襯托，層層鋪敍，情景交融，感慨自在其中。本文所引第三疊乃是追想往事，想當年，不受功利牽絆時，綺陌紅樓，何等逍遙……如今利名牽絆，羈旅成愁，感慨係之矣。

以上所引數闋，全是柳永晚年之作，其晚年因爲官小位微，不能達到他升官發財的理想，因此使往日熾熱的興趣漸趨冷却。從這些作品中也正可看出柳永對功名無奈，對命運無奈的心境。

三、懷鄉：凡是遊子，無不眷戀其故鄉者。過着遊宦生涯、流浪生活的柳永，對其故鄉滿溢着解不開的濃鬱鄉愁。樂章集中羈旅行役諸篇在在可見柳永見春花秋實便感念故鄉，登山臨水便觸景生鄉情。如留客住：

旅情悄，遠信沈沈，離魂杳杳，對景傷懷，度日無言誰表，惆悵舊歡何處，後約難憑，看看春又老，盈盈淚眼，仙鄉隱隱，斷霞殘照。

本詞下半闋見春天將逝，一年又過，而今依然飄泊在外，只有「盈盈淚眼，望仙鄉」，而「仙鄉隱隱，斷霞殘照」以景收束，令人斷腸。又如：

安公子

遊宦成羈旅，短檣吟倚閒凝竚，萬水千山迷遠近。想鄉關何處，自別後風亭月榭，孤歡聚。剛斷腸，惹得離情苦，聽杜宇聲聲，勸人不如歸去。

本詞下半闋首句「遊宦成羈旅」把漂泊的心情一語道破。羈旅成愁；遙望故鄉，却又是「千山萬水」。離情正苦，偏偏又聽得杜宇聲聲，輕啼著：「不如歸去！不如歸去」所有的鄉愁、離怨，在「不如歸去」處凝成最無可奈何的情緒。又如：

歸朝歡

一望鄉關煙水隔，轉覺歸心生羽翼，愁雲恨雨兩牽縈，新春殘臘相催逼，歲華都瞬息，浪萍風梗，誠何益，歸去來玉樓深處，有箇人相憶。

本詞下半闋說作者在「新春殘臘相催逼」之時，興起「一望鄉關煙水隔」之感慨，接着寫思念故鄉的心情，感人肺腑。

在諸多懷鄉作品中，尤以「傾杯」一詞寫得最深切感人，其詞如左：

水鄉天氣，灑蒹葭，露結寒生早。客館更堪秋杪。空階下，木葉飄零，颯颯聲乾，狂風亂掃，當無緒，人靜酒初醒，天外征鴻，知送誰家歸信，穿雲悲叫。蛩響幽窗，鼠窺寒硯。一點銀釭閒照。夢枕頻驚，愁衾半擁，萬里歸心悄悄，往事追思多少。贏得空使方寸撓。斷不成眠，此夜厭厭，就中難曉。

本詞寫於秋末寓託異鄉客館裡，可看出有濃郁的鄉愁困擾着。上半闋點出秋天的氣候。作者住在客館，館外「木葉飄零，颯颯聲乾」，館內人陷入孤寂中。下半闋承上說明「離群索居」的他面對的是「蛩響幽窗，鼠窺寒硯，一點銀釭閒照」的寂靜環境，在這種寂靜的夜晚，去國懷鄉之感便油然而生，使他徹夜難眠。作者的這種感覺，同時也是千古遊子的心理。

以上所有懷鄉之作，柳永以鋪述的手法與慢詞的形式道出念鄉的眞情，可謂「狀難狀之景，達難達之情」。

四、念舊：故鄉遙遠，客館清寒，倚闌干處，柳永免不了要憶起千里故人。他懷念的人有繡閣的嬌妻、歌樓裡的紅粉、以及酒筵的文友等。

1.其妻：作者覊旅念遠之作少涉閨門，乃中國文人一貫作風，不足爲奇，而樂章集內可以肯定的是覊旅中寄閨門的詞，僅有一闋「定風波」，其詞如左：

何意。繡閣輕抛，錦字難逢，等閒度歲。奈泛泛旅迹，厭厭病緒，邇來諳盡，宦遊滋味，此情懷，縱寫香牋，憑誰與寄，算孟先，爭得知我繼日添憔悴。

本詞下半闋寫對髮妻的思念，傾訴宦遊在外的孤苦。

2.故舊：包括酒筵的文友及歌樓裡的紅粉：

(1)文友：柳詞中對文友的感情只是輕輕帶過。如：

「以文會友，沈李浮瓜，忍輕諾，別館淸閒」（安公子）
「向此成追憶，新愁易積，故人難聚」（竹馬子）
「暮雲過了，秋光老盡，故人千里，竟日空凝睇」（訴衷情近）
「把酒與君說，恁好景佳辰，怎忍虛設，休效牛山，空對江天凝咽」（應天長）

以上所引之「文友」只是柳永泛泛之交，也是在歌樓飲酒吟詩之友，故樂章集中沒有一篇明道友情之作。

⑵紅粉知己：柳永自少年時代卽流連於靑樓楚館，與妓女有過深厚的感情，因此羈旅在外之時，其所思念最切的人也就是這些紅粉知己。樂章集中以情景交融之倒敘手法道出這般情懷者，所佔篇幅相當多。如：

「對嘉景，頓覺消凝，惹成愁緒，念解佩輕盈在何處」（夜半樂）
「奈阻隔尋芳伴侶，秦樓鳳吹，楚館雲約，空悵望在何處，寂寞韶華暗度，可堪向晚，村落聲聲杜宇」（西平樂）

以上所引皆以春天爲背景，追憶往日冶遊之韻事與人物。

「爲憶芳容別後，水遙山遠，何計憑鱗翼，想繡閣深沈，爭知憔悴損，天涯行客」（傾杯）

「帝城賒，秦樓阻，旅魂亂，芳草連空闊，殘照滿，佳人無消息，斷雲遠」（迷神引）

「素光遙指因念翠娥，杳隔音塵何處，相望同千里，儘凝睇，厭厭無寐，漸曉雕闌獨倚」（佳人醉）

「香閨別來無信息，雲愁雨恨難忘，指帝城歸路，但煙水茫茫，凝情望斷淚眼，盡日獨立斜陽」（臨江仙引）

「暗想當初，有多少幽歡佳會，豈知聚散難期，翻成雨恨雲愁」（曲玉管）

「臨風想佳麗，別後愁顏鎮斂眉峯，可惜當年頓乖雨迹雲蹤」（雪梅香）

以上所引皆以秋天爲背景；而以秋天爲背景思佳人之作在樂章集中將近十五闋。此類作品情調雖一律，柳永卻能以各種不同的方法、不同的辭意表達之，故吾人並不覺其重複可厭。

綜觀上述，可知柳永浪迹在外是孤獨的、寂寞的、無奈的。由於孤獨、寂寞、無奈，他才體會到臨別之難捨，他才懂得愛情與友情的可貴；他才對故鄉滿溢着解不開的濃愁；他才能靜思着過去的種種；他才能對功名利祿有一分澈悟的淡泊。在正史中雖未記載他的事蹟，我們卻可從樂章集中認識了這位落拓詞人的影子與心境。

柳永敍述羈旅行役之作，全以慢詞鋪述，吳梅詞學通論說：「多直寫，無比興，亦無寄託，見眼中景色，卽意中人物」，適道出柳永之鋪述技巧：道情能曲盡纏綿，寫景能景色如畫，而達到情景交融的境界。故後人對此類作品評語最佳，如周濟介存齋論詞雜著說：「鋪敍委婉，言近意遠，森秀幽淡之趣在骨」，張宗橚詞林紀事引李端叔話：「耆卿詞鋪敍展衍，備足無餘」。亦道出柳永是以慢詞鋪敍的能手。總之，這類作品是樂章集中的上品，也是柳詞中最有文學價值的作品，最有藝術成就的作品，這些作品使柳永在中國詞壇上永垂不朽。

【附　註】

註一　見鄭琳柳永詞研究，第一章柳永之生平及其時代背景；一、柳永之生平、第三期宦遊時期說：「石林燕語謂柳永於景祐中為睦州推官，以屯田員外郎終其身，故世號柳屯田，柳永之宦遊生活因缺乏史料苦於無從詳考」。

註二　見劉大杰中國文學發達史，第十八章北宋詞，中華書局出版。

註三　見詞話叢編卷九，頁三二二九。

註四　見詞話叢編卷一。

己、詠物之作

以詩詠物導源於詩經，按以詩詠物非易，以詞詠物尤難。「唐、五代、宋人詞不甚詠物」

（註一），北宋詞人卽使詠物，亦不假詠物詞以求寄託（單純詠物者）；卽使有寄託，亦多出於無意之寄託。柳永之時，詠物之風既未盛，其作品自然不多；規矩既未趨謹嚴，故其詞也不避犯題。這不僅是柳永詠物諸作之特徵，亦是初期詠物詞所共有之特點。

樂章集中之詠物詞共七闋，所詠之物以花、鳥、節令爲主，依其內容可分下列兩類：

一、單純詠物者

此類作品，就是以「物」形態與特質作盡態極妍之描繪刻劃，往往詞藻工麗、音調和諧、運用典故，以小詞形式爲多。如木蘭花詠杏花云：

翦裁用盡春工意，淺蘸朝霞千萬蘂，天然淡泞好精神，洗盡嚴妝方見媚。　風亭月榭閒相倚，紫玉枝梢紅蠟蔕，假饒花落未消愁，煑酒杯盤催結子。

全詞以工麗之詞藻，刻意的描繪杏花之形態與特質。又如木蘭花其二詠海棠：

東風催露千嬌面，欲綻紅深開處淺，日高梳洗甚時忺，點滴燕脂勻未徧。　霏微雨罷殘陽院，洗出都城新錦緞，美人纖手摘花枝，揷在釵頭和風顫。

先描繪海棠之嬌豔，開而未開，進而描繪出在「霏微雨罷」之殘陽下的院落中，見到海棠大開。以花比美人，美人映花朵相得益彰，寫來生動。又如木蘭花其三詠楊柳：

黃金萬縷風牽細，寒食初頭春有味，殢煙尤雨索春饒，一日三眠誇得意。　章街隋岸歡遊地，高拂樓台低映水，楚王空待學風流，餓損宮腰終不似。

上半闋描繪楊柳之形態與特質。下半闋運用韓非子典故來寫楊柳。又如瑞鷓鴣之詠梅：

天將奇豔與寒梅。乍驚繁杏臘前開。暗想花神巧作江南信。鮮染燕脂細翦裁。壽陽妝罷無端飲。凌晨酒入香腮。恨聽煙塢深中，誰恁吹羌笛。逐風來，絳雪紛紛落翠苔。

上半闋寫梅開的季節，把梅花之美形容曲盡。下半闋詠落梅。運用南朝壽陽公主梅花妝、與羌笛之落梅花曲二典。又如望遠行詠冬雪。

長空降雪，寒風翦，淅淅瑤花初下。亂飄僧舍，密灑歌樓，迤邐迷鴛瓦。好是漁人，披得一簑去。江上晚來堪畫。滿長安高卻旗亭酒價。　幽雅。乘興最宜訪戴泛小棹。越溪瀟灑，皓鶴奪鮮，白鷴失素，千里廣鋪寒野。須信幽蘭歌斷，彤雲收盡，別有瑤台瓊樹，放一輪明月，交光清夜。

此闋用慢詞來舖述冬雪的情景。上半闋先舖敘下雪情狀「淅淅瑤花初下，亂飄僧舍，密灑歌樓」，進而描述漁人釣江雪。下半闋全運用夜雪訪友典故，來寫眼中冬雪之景，寫來生動，如在眼前。

二、詠物見志者

此類作品，是作者透過「物」之形態與特質，透露出自己的心思。但北宋詞人詠物詞以單純詠物之作爲多。卽使有寄託亦非有意。故此類作品之言「志」也缺乏深度與流利。如黃鶯兒詠鳥：

> 園林晴晝春誰主，暖律潛催，幽谷暄和，黃鸝翩翩，乍遷芳樹。觀露濕縷金衣，葉映如簧語。曉來枝上緜蠻，似把芳心深意低訴。　無據。乍出暖烟來，又趁遊蜂去。恣狂蹤迹，兩兩相呼，終朝露吟風舞。當上苑柳穠時，別館花深處。此際海燕偏饒，都把韶光與。

全詞是以描寫黃鶯的形狀、聲音和生活情形爲主，而以園林、幽谷、芳樹、遊蜂、海燕與花柳等作爲陪襯的環境。上半闋以設問點出春天的主人黃鶯在暖和的天氣裡，由深谷飛上枝頭的情形。值得注意的是「黃鸝翩翩」句不避犯題，此乃北宋初期詠物詞常見的情形。下半闋自始至終皆描寫黃鸝任性地飛舞於花紅柳綠間的姿態以及生活情形，從而寄託了作者恣意狂放的個性，此寄託並非刻意爲之而是自然的流露。若就「借物言志」而言，此寄託只是自然流露出個性而非有深意的用意。又如「受恩深」詠菊：

> 雅致裝庭宇，黃花開淡濘。細香明艷盡天與。助秀色堪餐，向曉自有眞珠簾。剛被金錢妒。擬買斷秋天，容易獨步。　粉蝶無情蜂已去。要上金尊，惟有詩人曾許。待宴賞重陽，恁時盡把芳心吐。陶令輕回顧。免憔悴東籬，冷煙寒雨。

全詞作者透過對秋菊形態的描繪，寄寓了自己的遭遇與表達了自己的素願。上半闋首二句「雅致裝庭宇，黃花開淡泞」寫裝點在庭院的菊花之意趣顏彩，同時也象徵了作者高雅氣質，「細香明艷盡天與，助秀色堪餐，向曉自有眞珠露」描繪菊花之自然美與香，也加強了作者氣質的優雅。「剛被金錢妒」是以夏菊之妒忌秋菊，喻己之因盛名遭忌。「擬買斷秋天，容易獨步」句，則將黃菊擬人化，以菊之思一枝獨秀，喻己之擬出人頭地。下半闋首句以蜂蝶之去，喻歲月荏苒，兼言自己的日漸老大。「要上金尊，惟有詩人曾許」謂知音之寡。「待宴賞重陽，恁時盡把芳心吐」以菊花之盛開於重九，喻己之等待施展才能機會。「陶令輕回顧」以下三句與「惟有詩人曾許」句相應，以菊之期待陶淵明之憐惜，喻己盼望賞識者推薦之殷切。全詞句句皆是「借物言志」，比之樂章集其他詠物諸作，以這首寄託最爲深切。

綜觀柳永此二類詠物之作，前者計五闋，四首小令、一首長調，偏重形式技巧。後者二闋全爲慢詞，作者刻意的加以鋪敍，若以寄託來講，並非完全有意爲之，一是因爲柳永之時天下太平，經濟繁榮，不需寄託國家之感；一是作者本人乃是冶遊浪漫之人亦無深遠的感慨。

【附註】

註一　見蔣敦復芬陀利室詞話卷三。

第三章　柳詞之淵源及其影響

詞在晚唐、五代、北宋時均以婉約爲主，即蔣兆蘭詞說所謂：

宋代詞學源出唐、五代，皆以婉約爲宗。（註一）

又謂：

詞家正軌，自以婉約爲宗。晏、歐、張、賀時多小令，慢詞寥寥，傳作較少，逮乎秦，柳始極慢詞之能事。其後清眞崛起，功力旣深，才調尤高，加以精通律呂，奄有衆長，雖率然命筆，而渾厚和雅，冠絕古今，可謂詞中之聖。（註二）

可知北宋婉約詞之發展，由晏、歐開其先路，柳永爲之鞏固擴大，秦、賀爲之再加發揚，清眞集其大成。

婉約派詞的特徵有四：一、內容：不外言情寫景，言情之作多屬兒女之情或離情別緒；寫景則多取近景或細緻之景。二、音節與句法：音節要求悠揚緩慢；句法以雙式句居多。三、

措辭、設色：措辭要輕靈曼妙；設色則多着色語。四、表現手法：則貴含蓄隱約。（註三）

按北宋婉約詞的發展：開其先路的晏、歐在形式上採用小令；在作風上深受南唐、馮延己的含蓄蘊藉，韻味無窮的影響。而爲之鞏固擴大的柳永，卻沿着「花間」的道路不斷地進展，在形式上盛用着長調的慢詞，在作風上脫去花間，南唐的清婉而喜用舖敘的手法，盡心盡意的描述。（註四）正統的婉約派的詞風因之有了一大擴展。這位促使婉約詞風轉變的革新作家，其淵源及其影響如何呢？現就本章探索之。

第一節　樂章集之淵源

促使婉約詞風擴展的柳永一生專精於詞，他除詞外沒有其他著作，他除詞外沒有其他愛好，他除詞外沒有其他學問（註五）。他作詞的內容、形式、作風到底受何人影響？就其本質內容來說，他不曾改變「花間」之情戀香艷之辭，綺靡甚且過之（註六），而在表達方法上則迥異前人（註七）。循此線索吾人可見「花間」詞人以及民間文學對柳永之啓示與影響。

一、花間集中晚唐、五代、十國詞人對柳永的啓示——此處僅就樂章集中的詞風與花間集詞人作一個比較。啓示柳永作風者有：

㈠溫庭筠

晚唐詞人溫庭筠爲人「薄於行，無檢幅」，因此生活浪漫。由於文筆好，喜作側辭豔曲（註八），其內容不外是描寫女人的姿態與情戀。以後五代、十國詞人多祖述溫庭筠的豔麗而專於婦女情慾的表現，形式色情文學的極盛，這種情形和梁、陳時代的宮體詩遙相對照（註九）。

柳永爲人亦很浪漫，當他遊學汴京時，所過得大都是醇酒婦人的生活，其內容亦不外是描寫女人的姿態與情戀，只是用筆大胆、露骨，於此可知柳永此類性質的詞風，近受溫庭筠的影響，遠受宮體詩的啓示。

㈡顧夐

後蜀詞人顧夐，花間集中有其詞五十五闋。其詞除多量的麗詞外，還有幾首較疏淡的作品。如：

春盡小庭花落，寂寞，恁檻斂雙眉。忍敎成病憶佳期。知麼知？知麼知？（荷葉杯）

本詞很能婉約的寫出寂寞相思之苦，平白如話，疏淡有致。又如：

永夜抛人何處去？絕來音，香閣掩，眉斂，月將沈，怎忍不相尋，怨孤衾，換我心爲你心，始知相憶深。（訴衷情）

讀本詞宛如看見一位痴情的少女，盡情地在傾訴她的情懷。結尾「換我心，爲你心，始知相憶深」三句，全從「怨」字生出，出語雖平俗，情致卻深厚。故王士禎花草蒙拾說：「自是透骨情語，已爲柳七一派濫觴」。清沈雄古今詞話引蓉城集說：「雖爲透骨情語，已開柳七一派」於此可知柳永深受顧夐疏淡作品中透骨情語的感動而得到啓示。

㈢尹 鶚

尹鶚的詞花間集只存十餘首。從這十幾首詞中可見尹鶚與柳永詞相同處有三：

1.尹詞中如：

賺得王孫狂處，斷腸一搦腰肢。（清平樂）

特地向，寶帳顛狂不肯睡。（撥棹子）

這種狎褻的描寫，在柳詞中亦觸處可見。

2.尹詞中如：

夢魂長掛紅樓。（河滿子）

應待少年公子，鴛幃深處同歡。（清平樂）

芳年妙妓，淡拂鉛華翠。（清平樂）

這些爲倡優而作或取材於妓女的作品，亦爲柳永樂章集中主要題材。

3.尹詞中如：

繁華地，王孫富貴。璚瑁筵開。下朝無事，壓紅茵鳳舞黃金翅。玉立纖腰，一片揭天歌吹。滿目綺羅珠翠。和風淡蕩，偸散沈檀氣。堪判醉，韶光正媚。折盡牡丹，豔迷人意。金張許史應難比。貪戀歡娛，不覺金烏墜。還惜會難別易，金船更勸，勒住花驄轡。（金浮圖）

九十四字的金浮圖對狹邪之遊作繁瑣詳盡的敍述。柳永對於這類描述亦是詳盡曲折。

綜合以上三點可知柳永深受尹鶚影響，清沈雄古今詞話對尹鶚的詞有段評語：

尹鶚杏園芳第二句：「教人見了關情」，末句「何時休遣夢相縈」，遂開屯田俳調」。

總之柳詞遠受宮體詩之啓示，近受溫庭筠的影響；再受到顧敻疎淡作品中「透骨情語」的感動，尹鶚描寫、取材的觸悟。不論柳永在詞風上有任何轉變，總不離「婉約」的宗旨，在作詞的精神上，他仍師法「花間」，順着「花間」的作風不斷地進展。在進展中能有很大跨步的原因，在於他表達形式的運用，而這異於前人的表達形式卻受民間文學的影響。

二、來自民衆作品的影響：徐嘉瑞說：

余向主張中國文學皆有民衆作品與文人作品，又主張文人作品常受民衆作品之影響，而第一難關卽詞是也。蓋宋人之詞已淺易明白，人人能解，當然係民間文學；然宋詞作者多爲顯官，此何說也？不知宋人之詞雖淺易流暢，然仍爲文人之詞，受民衆之詞之影響。非蘇辛秦柳之詞，卽民衆之詞也，眞所謂民衆之詞，不唯無其詞，且亦無人疑有此事。（註一〇）

柳永領悟到塡詞竅門，既不是來自花間集，亦不是來自陽春集，而是民間無名氏之作，清沈雄古今詞話卷上引有一段記載說：

「宋無名氏眉峯碧詞云：『蹙損眉峯碧，纖手還重執，鎭日相看未足時，便忍使鴛鴦隻。薄暮投村驛，風雨愁通夕。窗外芭蕉窗裡聲，分明葉上心頭滴』。眞州柳永少讀書時，以無名氏眉峯碧詞題壁，後悟作詞章法，一妓向人道之。永曰：『某於此亦頗變化多方也』。然遂成屯田蹊徑」。

饒宗頤也說：

「歷代詩餘作引古今詞話，謂永以無名氏眉峯碧一詞，遂悟作詞章法，非無因也」。

（註一一）

於此可見柳永受民衆作品的影響。一個終日沈酣於「偎紅倚翠」妓院生活的文人，因生活接近民衆，又從民衆作品無名氏之眉峯碧一詞悟到作詞「變化多方」的竅門。於是柳永便使「文人詞平民化」了（註一二）。

徐嘉瑞又說：

「……除蘇、辛、秦、柳文人之詞而外，必有更淺俗鄙俚之民衆之詞之存在也」（註一三）。

在敦煌發現的唐代民間歌曲—敦煌曲（其中有俗曲，俗曲中又有雲瑤集雜曲子三十首）即是「淺俗鄙俚」之民衆之詞。

這種民衆之詞（卽敦煌曲）對柳詞的影響有二：

㈠長調的大量運用：

敦煌曲中的曲子詞，就體製而言，已有了小令、中調、長調，可見在唐、五代已有長調之作，皆出於民間之無名作者（樂工）之手，以後五代、十國、北宋的文人仿作的一直很少（註一四）。流行於士大夫間的仍是小令。此爲士大夫所鄙夷之長調，一直到柳永這種「日與偎子縱游倡館酒樓間無復檢約」（藝苑雌黃）的人，才肯低頭下心爲之製作。

現在敦煌曲錄中所收的五十六個詞牌中，有十六個詞牌與柳氏的詞牌名稱相同（註一五），但分句形式相異。又在這十六個詞牌中有四個詞牌：鳳歸雲、洞仙歌、傾杯樂及內家嬌是長調。於此可見民間詞對柳永的影響，而這些長調的出現，正說明北宋慢詞的先聲來自民間文學。而柳永樂章集中十分之八都是長調，其數量之多，已是前所未有，況且他寫長調的技術又很高妙。所以說長調之得到充分發展，並蔚爲風氣，柳永之功實不可沒。而柳永之所以能得到這種地位，也是吸收民間養分的緣故。

㈡口語的大胆運用：

柳詞之大量運用淺近俚俗的語言，固然是受花間派詞人疏淡作風的影響，畢竟這些詞人造語還是含蓄、典雅的。而柳詞之造語淺近俚俗甚而露骨，實在受民衆作品的影響最大。因爲來自敦煌曲的民衆作品，有些未經修飾，是從每個人自己生活裡呼喊出來的，故「字句俚俗、情意淺露、語體夾用」。亦惟有這樣，詞的生命才與社會群衆接近。而柳永生活在下層社會，最與群衆接近。因此他也大胆地採用淺近俚俗的口語。因爲柳詞中「處處有其思想感情，處處有其感慨悲憤」（註一六），吾人只感受柳詞的「眞切、坦率、誠懇」而掩蓋了他的「鄙語」、「塵下語」、「鄙俗語」。

儘管柳永學習民間語言，而樂章集畢竟是文人之作，這些口語經過他的生花妙筆的提煉加工之後，與民衆之詞，仍然有「雅俗」之迥別，如敦煌零拾所載小曲（出敦煌今藏倫敦博物館）：

佀客在江西，富貴世間稀，終日紅樓上，□□舞著棋，頻頻滿酌醉如泥，輕輕更換金卮，盡日貪歡逐業，此是富不歸。（長相思）

其詞之鄙俚，與柳永最淺俗之詞，如：

須信畫堂繡閣，皓月清風，忍把光陰輕棄，自古及今，佳人才子，少得當年雙美，且恁相偎倚，未消得憐我多才多藝，願嬭嬭蘭心蕙性，枕前言下，表余深意爲盟言，今生斷不孤鴛被。（玉女搖仙佩）

相比，敦煌零拾之長相思中「盡日貪歡逐業，此是富不歸」與樂章集之玉女搖仙佩「願嬭嬭蕙性蘭心」者相較，尚覺雅俗之別。於此可知柳永雖採用民衆之詞的「淺近俚俗」的口語，因其才華學識的修養，樂章集中的作品實質上已生動的「文人化」了，因此柳詞與民衆之詞相比便有「雅俗」之別了。

由上可知柳永之所以能改變婉約派的詞風，主要是採用了民衆作品之特長：一是大量採用當時士大夫階級所鄙視的長調，以便容納更多更大的意境；一是以眞摯的感情，採用俚俗淺近的口語塡詞，而造成他於「花間」派外更大更遠的進展。

柳永—一個宋史未予立傳的浪子詞人，若欲從正史資料中探求其淵源關係是茫然無緒的，吾人卻可從樂章集中得知其師法花間，留意音韵，吸收民衆的語言，以其天賦的才華、淵源的家學，給予詞新的生命，挽救了瀕於殭化的民間產品—曲子詞，而鞏固擴大了婉約派的詞風。

第二節 樂章集之影響

宋翔鳳樂府餘論：

耆卿失意無俚，流連坊曲，遂盡收俚俗語言編入詞中，以便伎人傳習，一時動聽，散播四方，其後東坡、少游、山谷輩相繼有作，慢詞遂盛。（註一七）

從本段記載不僅知道柳詞在當時對民間的影響之至廣且深，是空前絕後的。更可從本段記載中得知柳永以後，長調成爲流行的詞體、土語方言、和舖述的寫法，詞人都普遍地採用。卻沒有一位詞人直接繼承了柳永所有的表現方式、風格及內容。這原因並非柳詞過於高妙，後人無法學習，而在於沒有他那種生活境遇、沒有他那種大胆而赤裸裸的感情（註一八）。不過柳永給予後代的影響仍是相當的深遠，亦是多方面的。現試述如左：

一、蘇東坡

蘇東坡受柳永的影響可分兩點說明之：

㈠詞風上的影響——東坡少年時曾受柳永的影響。

蘇詞的作風是多方面的，大約可分爲曠達、豪放、婉麗三方面。論婉麗的來源，若就蘇詞大處著眼蘇詞和柳詞是毫不相干的，但若就細處硏究似乎蘇詞和柳詞不是絕不相干的。蘇軾與鮮于子駿書說：

近頗作小詞，雖無柳七郎風味，亦自成一家。

可知蘇東坡在早年或曾一度學過柳永，因爲當蘇東坡少年時代，正是柳詞風靡的時候。以後由於東坡的才情、胸襟、學養、遭遇而超越柳永，不帶學過柳永的痕跡。

㈡形式上的影響——東坡採用長調慢詞。

因爲內容受形式限制，自從柳永提倡長調以後，可以寫出更深更曲的情感、更大更濶的境界、更弘更偉的氣象，於是東坡借着長調，使內容得到伸展擴充。成爲豪放派的開山祖。若無長調的提倡，便無「一洗綺羅薌澤之態，擺脫綢繆宛轉之變，使人登高望遠，擧首高歌，而逸懷浩然，超然乎塵垢之外」的豪放氣概（註一九）。

蘇東坡受柳永的影響最大的是採用長調慢詞，使詞的內容衝出以前詞學的領域，爲詞的內容另開拓新境界。

二、秦少游

蔡伯世說：

子瞻辭勝於情，耆卿情勝乎辭，辭情相稱者，唯少游一人而已。（註二〇）

秦少游雖然出身蘇門，但他的詞風，實與柳永較為接近。高齋詩話曾有一段記載說：

少游自會稽入都見東坡，東坡曰：「不意別後，却學柳七作詞。」少游曰：「某雖無學，亦不至是。」東坡曰：「銷魂當此際」，非柳七詞乎？少游慚服。

秦詞中好用俚語，又工於鋪敍，都可看出受柳詞影響的痕跡。而他之所以勝於柳處，在於他能同時融合東坡清逸之風，及晏、歐幽婉之致，所以能免於落入卑弱淺俗之譏。

三、黃山谷

這位江西詩派的領導人物，所作詩文均「超軼絕塵」，最忌浮淺，最忌艷情。而他早年的詞卻與柳永的作風相近。如：

勸極嬌無力，玉軟花欹墜，釵罥袖，雲堆臂，燈斜明媚眼，汗浹骨膏膩醉，奴奴睡，奴奴睡也奴奴睡。（千秋歲）

對景還銷瘦，被箇人把人調戲，我也心兒有。憶我又喚我，見我嗔我，天甚教我怎生受。看承幸廝勾，又是尊前眉峯皺。是人驚怪，寃我大攔就。拚了又合了，一定是這回休了，及至相逢又依舊。（歸田樂引）

以上兩闋詞用語淺俗，寫情艷露，這種肉感的強烈性與言語的粗劣性，確在柳永之上。故宋翔鳳樂府餘論說：

山谷詞尤俚，絕不斷其詩亦欲便歌也。（註二一）

夏敬觀手批山谷詞說：

以市井語入詞，始於柳耆卿，少游、山谷各有數篇，山谷特甚之又甚，至不可句讀。（註二二）

說明早年的黃山谷是「半個柳派詞人」（註二三）。

四、周邦彥

周邦彥爲詞家之集大成，所謂集大成者，係指其「集北宋中期柳永、秦觀、賀鑄之成而言」（註二四），而其受柳永之影響尤爲顯著。故張炎常說：「周情柳思」，馮煦也說：「屯田勝處，本近清眞」。茲分四點闡述之：

㈠柳永之慢詞，演小令爲長調，周邦彥亦然。柳永的樂章集中開創有「尾犯」與「小鎮西犯」。邦彥更精研犯調，創二犯、四犯等曲。

㈡柳詞長於鋪敍，周詞亦然。而周詞「尤善鋪敍，富艷精工」（註二五），可說是得柳永眞傳，如其六醜、蘭陵王、西河等長調全由屯田胎息而出。（註二六）

㈢柳詞多涉狎媟，周詞亦有此失。如周詞之青玉案一詞與柳永之玉女搖仙佩相比，似還是後來居上。

㈣柳詞多用俗語，周詞間亦如此。如：

有幾日來，眞個醉。不知道，窗外亂紅，已深半指。花影被風搖碎。擁春酲乍起。有個人人，生得濟楚，來向耳畔，問道今朝醒未。情性兒，慢騰騰地。惱得人又醉。

（紅窗迥）

用語之俚俗淺白，實與柳永相差無幾。

綜合以上四點，可知胡雲翼宋詞選所說：「他（卽周邦彥）的好些作品都可以說是柳詞的翻版」誠非偏頗之評。

此外，其他比較次要的詞家，如沈公述、李景元、孔方平、孔處度、晁次膺、万俟雅言、晁冲之、曹組及蔡伸等也都受到柳永詞風的影響（註二七）。這些詞家承繼了柳永部份的、片斷的；或者是運用長調慢詞，或者是採用鋪敍手法，甚或是採用方言俗語。總之詞在柳永時已達到層面相當廣濶的成就，受其影響的層面亦相對的增廣。

總而言之，爲婉約派鞏固擴大的柳永，他一面沿襲着花間派的精神，一面採取民間文學的特色而變換了花間派描寫的方式。柳詞的內容雖然不出閨帷行役的傳統範圍，但他促使長調的發展，並蔚爲風氣，故而引動了蘇東坡、秦少游、黃山谷、周邦彥等人運用長調，以鋪敍的手法來表達他們想表達的題材，而這種作風一直影響着整個詞壇。

【附　註】

註　一　見詞話叢編卷十二，詞說頁四二七六。
註　二　見詞話叢編卷十二，詞說頁四二七七。
註　三　見梁榮基著詞學理論綜考，第七章婉約派定義。
註　四　見中國文學發達史下卷，第十八章北宋的詞。
註　五　見鄭振鐸著中國文學史，第二十五章北宋詞人。
註　六　見唐宋詞選釋前言頁十四。木鐸出版社。
註　七　見姜尚賢著宋四大詞家研究，第一章蘇東坡。
註　八　見中國詩史，近代史篇一，唐五代詞。
註　九　見中國文學發達史下卷，第十六章晚唐五代的詞一、晚唐的詞人溫庭筠。
註一〇　見徐嘉瑞著近古文學概論，第三篇詞史第二章詞。經氏出版社。
註一一　見饒宗頤詞籍考。
註一二　見徐嘉瑞著近古文學概論，第三篇詞史第二章詞。
註一三　見徐嘉瑞著近古文學概論，第三篇詞史第二章詞。
註一四　柳永以前的文人塡長調的有杜牧八六子、及尹鶚金浮圖等等，爲數不多。
註一五　這十六個詞牌是：傾杯樂、鳳歸雲、內家嬌、洞仙歌、拋毬樂、送征衣、歸去來、定風波、婆羅門令、長相思、望遠行、十二時、浪淘沙、巫山一段雲、西征樂、臨江仙。
註一六　見林玫儀著「晚淸詞論硏究」第七章鄭文焯。

註一七　見詞話叢編卷七，頁二四六三。
註一八　見鄭振鐸著中國文學史，第二十五章北宋詞人。
註一九　見胡寅酒邊詞序文汲古閣本題。
註二〇　見詞話叢編卷九，頁三二二九。
註二一　見詞話叢編卷七，頁二四六三。
註二二　見龍榆生，唐宋名家詞選引。
註二三　見中國文學發達史下卷，第十八章北宋的詞。
註二四　見薛礪若著「宋詞通論」第二編宋詞。
註二五　見陳振孫直齋書錄解題。
註二六　見中國詩史近代詩史篇二、北宋詞。
註二七　據王灼碧雞漫志云：沈公述、孔方平、處度叔侄、晁次膺、万俟雅言皆有佳句，就中雅言又絕出，然六人者源流從柳氏來，病於無韵。

第四章　結　論

北宋詞壇上突起的異軍—柳永，在少年時的生活便是浪漫的，在青年時代他的詞已享有盛名，因此他想憑自己的才華，博得人主的歡心，卻因詞三次激怒了仁宗。功名既是絕望，從此他便流落不偶，眞的在花前月下淺斟低唱了，終日流連於歌舞場中，儘量發揮他的文藝才華，以博得名妓的青盼，在低下階層的社會，獲得普遍的發展與欣賞（註一），因此有了樂章集的產生。現探析樂章集可得以下數點結論：

一、形式方面

㈠慢詞長調受到文人的注意，當從柳永開始，他是頭一個善寫長調的人，他的樂章集共收二百零六闋（註二），用調一百二十四個，小令只有二十一調，全集十分之八都是長調。其數量之多眞是前所未有的，何況他寫長調的技術又很高妙。

㈡詞是配合音樂的詩歌，柳永能把音樂與詩歌配合得高妙，實在因爲他不僅是詞人也是個很好的音樂家。

1.他善於運用宮調與詞牌之間的關係：樂章集中一百二十個左右的詞牌中，四十一個有詞兩首以上，而這四十一個詞牌中，有十七個詞分屬不同的宮調，這些詞的分句形式都相異。這種分句形式的差別，是因爲柳永音樂造詣高深，懂得在適當的地方加插調換字句，以協助歌者增加音樂效果。

2.他善於運用句式、字聲、用韻間的關係：在句式上，單雙式句子的變化和配合，在柳詞的長調中已發展到頂點。在字聲上，柳永造腔已能分別上去，嚴守入聲（註三）。在用韻上除了押平、上、去、入聲韵、平仄轉韵、平仄互叶外，上去通押計有一百餘闋。詩歌的表現情意，離不開節奏（註四），而句式的變化與安排、字聲的平上去入的配合，便是節奏的組合亦是聲情的表達。而韻的最大功用在把渙散的聲音聯絡貫串起來，成爲一個完整的曲調（註五），柳永音樂造詣高深，懂得用韻把句式、字聲的節奏聯絡貫串起來，成爲一首「音律諧婉」「情致婉轉」的曲調。

3.在遣詞造句方面，柳永除了融化典故、古句；運用對偶、疊字外。在用字造句方面，柳永多以俚俗語句爲之。其運用俚俗語句的描寫，其特色如下：第一：是不落前人窠臼，若作雅詞，詞句必有所本，卽使不有意摹擬，亦易落前人窠臼，用俗語則無此顧慮。第二：是俗語具有普遍性，易於普及流傳。王灼碧鷄漫志就批評柳詞說：「淺近卑俗，自成一體，不知書者尤好之」，雖然我們不敢斷言柳永是否因爲遭到士大夫所不齒而故爲俚俗之詞，以博取民間的愛好，可是柳詞之傳播能夠達到「凡有井水飲處，卽能歌柳詞」的情形也足以使柳永揚眉吐氣了。

二、內容方面

小令只能夠表現人的刹那間內心的生活（註六），由於它調子不長，形式狹小，自然影響到內容，卽使有更多的話，更大的波瀾開闔，也無法容納，無從施展。如晏殊、歐陽修的小令所表現的只是士大夫的風流與閒情。到了柳永推衍小令爲長調，柳詞的題材也隨之擴充了。綜括其內容有：

㈠冶遊縱樂：樂章集中冶遊之作幾乎佔了一半，這些作品實爲柳永個人浮生浪蕩的紀錄，往往與青樓女子相糾轕。而表現描繪這類男女情慾生活的詞，筆調相當的大胆而露骨。

㈡歌妓聲容情態：刻意細膩地描繪妓女的容顏、歌聲、舞姿、文才及情態。

㈢都會承平：反映出北宋仁宗時，社會的安定，經濟的繁榮，君臣的同樂，一切歌舞昇平的氣象。

㈣阿諛稱頌：柳永代表民衆，對於維繫太平景象的統治階層發出祝賀的歡呼。

㈤羈旅行役：這類作品中作者已脫去了「輕薄的調子，俚俗的語句，而以美麗的畫面而深刻的感情，嚴肅的人生觀，襯托一個天涯流落者的影子與心境」，這是柳詞中評價最高的作品。

㈥詠物之作：柳永之時，詠物之風未盛，故此類作品不多，亦未刻意的借物「喩志」。

分析了樂章集的形式與內容，可知柳永開創了詞的新風格，擴展了北宋的詞風，也帶給中國詞壇不朽的貢獻，現分述如左：

一、在形式方面使詞發展：有了長調，詞這種文體才得到發展的基礎，若是長久因襲唐、五代的小令形式，恐怕詞的歷史在北宋就要終了。只有長調興起，這才挽救了詞的厄運。詞的波瀾壯濶，氣象弘偉，是長調興起以後的事，而柳永則是第一個寫長調又多又好的人，所以柳永在詞史上的地位，奠定在所寫長調的量與質上。

二、在表現方面使詞發展：五代、北宋初期的詞因襲花間、南唐的詞風與形式，故特點全在於「含蓄」，在於「不盡」，在於「有餘韵」。柳永詞的好處在於「鋪敍」，在於「盡」。王灼碧鷄漫志說：「耆卿樂章集，世多愛賞，□□該洽，序事閒暇，有首有尾，亦間出佳語，又能擇聲律諧美者用之」作慢詞恒須鋪敍，柳永是鋪述的高手。他以鋪述的方法，把內容與形式配合得絕妙，因此柳永在詞的表現手法上爲後人另開了一條大道。

三、在語言方面使詞發展：詞雖較詩俚俗，然如南唐君臣，如二晏、歐陽，因皆出身貴族。因此作詞總以典雅、含蓄、纏綿爲主，出語絕不會粗俗淺陋，而柳永因深入低層社會，他所描述的題材又多與低層社會有關，故引用市井俗語，造語亦淺鄙，更因他採用的手法是直率的、膚淺的，故其用語多淫猥。柳永用語之鄙俗，雖受時人及後人的譏評，畢竟在語言上柳永又爲後來詞人另闢谿徑了。

四、在音樂方面使詞發展：柳永妙解音律，他使詞在音樂上保持自由、活潑的特點，而奠定後來詞人在這方面努力的基礎。如周邦彥便是一例。

從整個中國文學發展史看來，柳永：

1.他從五代以來「詩客曲子詞」的登峯造極時代，又轉向民衆化與音樂化的「里巷之曲」的路上。

2.他由貴族與文士的平穩牢固的「詞的路線」轉變成一個新興的生動局面。

3.他用忠實的通俗的自然的描寫，代替了詩人與貴族的詞，使它成爲多數百姓的娛樂。

總之，由於詞壇上有了柳永的出現，詞的眞正生命才得以挽救，否則詞可能在北宋就終了。

【附　註】

註一　見晨報七週年增刊，胡雲翼著北宋四大詞人評傳。

註二　根據近人朱祖謀彊村叢書本收樂章集三卷，末附續添曲子一卷，詞二百零六首（世界書局樂章集便是彊村叢書本），鄭師因百詞選謂：樂章集以此本「最佳」。另參考唐某全宋詞本據朱本收柳詞三卷、續添曲子一卷「以稍有誤寫，另以毛扆原校本校正」，實收柳詞二百一十二首。按饒宗頤先生「詞籍考」云「全宋詞三一至三三柳永詞二百一十首」。

註三　唐宋詞論叢。夏承燾著。華正書局印行。

註四　見中國古典文學論文精選叢書，高師仲華著詩歌與節奏。

註五　見高師仲華著「詩歌與節奏」。

註六　見中國文學論叢，臺師靜農「宋初詞人」，明倫出版社印行。

參考書目

一

樂章集（附續添曲子）　柳永撰　朱孝臧校　世界書局

樂章集　柳永撰　毛晉輯　宋六十名家詞汲古閣刋本

樂章集　柳永撰　鄭文焯校評　廣文書局

小畜集　王禹偁　商務印書館

八閩通志　黃仲昭　明弘治四年刋本

十國春秋　吳任臣撰　周昂校　國光書局

福建通紀　福建通志局　大通書局

二

詞話叢編　唐圭章　廣文書局

避暑錄話　葉夢得　商務印書館

石林燕語	葉夢得	商務印書館
詞林紀事	張宗橚	河洛圖書出版社
直齋書錄解題	陳振孫	商務印書館
苕溪魚隱叢話	胡　仔	商務印書館
後山詩話	陳師道	新興書局
詞律	萬　樹	中華書局
詞譜	康熙欽定	
詞苑叢談	清、徐釚	廣文書局
詞牌彙釋	聞汝賢	自印本
詞調溯源	夏敬觀	商務印書館
詩詞曲語辭滙釋	張　相	中華書局
詞學通論	吳　梅	商務印書館
宋詞通論	薛礪若	開明書局
作詞法	夏承燾	台南北一出版社
唐宋詞論叢	夏承燾	華正書局

中國詩律研究	王子式	文津出版社
從詩到曲	鄭騫師	科學出版社
詞學二篇	梁啓勳	河洛圖書出版社
詩論	朱光潛	正中書局
近古文學概論	徐嘉瑞	經氏出版社
詞學纂要	楊向時	華國書局
詞學	張正體	商務印書館
詞學今論	陳弘治	文津出版社
詞學新論	蔡德安	正中書局
宋詞舉	陳匪石	正中書局
詞曲研究	盧　前	中華書局
詞曲	蔣伯潛	世界書局
宋四大詞家研究	姜尚賢	
唐宋名家詞選		文光圖書公司印行
四大詞人及其詞	黃振民	文源出版社

詞選	包根弟	北海出版公司
詞箋	張夢機	三民書局
唐宋詞名作析評	陳弘治	文津出版社
唐五代詞研究	陳弘治	文津出版社
文學概論	王夢鷗	帕米爾書店
詩與音樂	劉燕富	幼獅出版社
淺斟低唱柳三變	陳桂芬	莊嚴出版社
元曲方言考	黃麗貞	商務印書館
修辭學	黃慶萱	三民書局
樂章集箋校	梁冰枏	師大碩士論文
樂章集析論	廖爲祥	台大碩士論文
柳永詞研究	鄭　琳	文化碩士論文
柳永與周邦彥	崔瑞郁	台大碩士論文
詞學理論綜考	梁榮基	台大博士論文
晚清詞論研究	林玫儀	台大博士論文

京本通俗小說　　世界書局

三

詞曲史　王易　廣文書局

詞史　劉子庚　學生書局

中國文學史　鄭振鐸

校訂中國文學史　胡雲翼

中國詞史　胡雲翼　信誼出版社

中國文學發達史　劉大杰　中華書局

中國文學史簡編　　開明書局

中國文學史新編　張長弓　開明書局

中國文學源流　胡毓寰　商務印書館

中國文學史概要　胡懷琛　商務印書館

中國文學大綱　楊蔭深　商務印書館

中國文學史　錢基博　西南書局

中國文學史大綱　容肇明　開明書局

中國文學史	易君左	華聯書局
中國文學史	葉慶炳	廣文書局
中國文學發展史	蔡慕陶	帕米爾書店
中國文學史略	李　寶	大聖書局
中國文學小史		啓明書局
中國文學史綱	趙　聰	友聯出版社
中國文學小史	趙景深	中新書局
中國韻文史	龍沐勛	樂天書局
中國詩史	不著撰者	明倫書局
中國詩詞演進史	嵇　哲	華聯書局
宋代文學	呂思勉	商務印書館
中國娼妓史	王書奴	萬年青出版社
中國婦女生活史	陳孝東	商務印書館
中國音樂史	王光祈	中華書局

四

詞學季刊	龍沐勛	學生書局影印本
論唐宋詞字聲之演變	張世彬	新亞書院學術年刊第九期
北宋四大詞人評傳	胡雲翼	晨報七周增刊
柳永樂章集考異	蘇賡哲	文史學期第四期
流浪詞人柳三變	金啓華	中央日報民國三十五年九月二十四日第九版
柳永詞評議	嚴南方	文學世界第三十五期
柳永的詞	王念慈	人生第八卷第九十五期
浪漫詞人柳永	畏　如	文壇第二百二十期
柳三變事蹟考略	潘承弼	國立北平研究院史學集刊第二期
柳永的風流詞調	谷　懷	聯合報民國五十一年十一月二十九日第八版
宋初詞人	臺靜農師	中國文學研究
論北曲之襯字與增字	鄭騫師	幼獅學誌四卷一期
詩歌與節奏	高明師	中國古典文學論文精選叢刊
論北宋慢詞	張友仁	中國文學研究

柳永　羅學濂　中國文學史論集

影響詩詞曲節奏的要素　曾永義　中外文學第四卷第八期

柳永的詞情與生命　吳炎塗　鵝湖二卷十一期　66.5.

柳永與宋詞　張子良　中華文化復興月刊十卷四期

柳永的詞風　林宗霖　勵進三七九期　66.9.